Bibliothek
des Freizeitmalers

Bäume und Sträucher in Aquarell und Tempera

Text und Bildbeispiele
von Li Körner

Otto Maier Ravensburg

Titel in der Bibliothek des Freizeitmalers:

Blake, Grundkurs Aquarellmalerei
Blake, Landschaften in Aquarell
Blake, Farbe in der Aquarellmalerei
Blake, Grundkurs Ölmalerei
Blake, Landschaften in Öl
Blake, Grundkurs Zeichnen
Blake, Landschaften zeichnen
Blake, Aktzeichnen mit Bleistift, Kreide und Kohle
Blake, Porträtzeichnen mit Bleistift, Kreide und Kohle
Baessler, Grundkurs Federzeichnen
Baessler, Landschaften mit der Feder zeichnen
Kaiser, Blumen aquarellieren
Kaiser, Grundkurs Blumen malen
Kaiser, Malen und Zeichnen nach Fotos
Kaiser, Stilleben und Bildkomposition
Körner, Bäume und Sträucher in Aquarell und Tempera
Meilhamer, Grundkurs Farbiges Zeichnen
Meilhamer, Tiere zeichnen
Musch, Grundkurs Gouachemalerei
Rotgans, Räumliches Zeichnen
Rubins, Anatomie für Künstler
Salzmann, Grundkurs Pastellmalerei
Salzmann, Landschaften in Pastell

Originalausgabe

1. Auflage 1985
Umschlagbild: Li Körner
Umschlaggestaltung: Ekkehard Drechsel BDG
Satz: Biberacher Verlagsdruckerei
Gesamtherstellung: Himmer, Augsburg
Printed in Germany

91 90 89 88 6 5 4 3

ISBN 3-473-48237-4

Warum wir malen. Auf den meisten Schulen, die während der Kindheit zu durchlaufen sind, wird der Zeichen- und Malunterricht vernachlässigt, und meist erst als Erwachsener kann man ermessen, wieviel man dadurch versäumt hat.

In den langen Jahren, in denen ich selbst male und dazu aber auch Malunterricht gebe, habe ich oft erlebt, daß Menschen erst in späteren Lebensjahren zu malen anfingen und sich damit viel Freude, ja Glück erwarben.

Wenn Sie also Lust verspüren: anfangen! Es ist nie zu spät!

Dieses Buch soll Ihnen helfen, die Freizeit sinnvoll zu gestalten. Um Freude am Malen zu finden, muß man eine möglichst leicht verständliche Anleitung haben, was natürlich am ehesten in einem Malkurs zu finden ist. Trotzdem glaube ich, daß auch so ein Lehrbuch, wie das vor Ihnen liegende, dazu verhelfen kann.

Als Freizeitmaler hat man dem Berufsmaler gegenüber einige große Vorteile: Man steht unter keinem Leistungsdruck, es kann Ihnen keiner dreinreden, der etwas von Ihnen erwartet. Die Kritiker sind Ihre Freunde und Bekannten. Genießen Sie diese Freiheit und setzen Sie sich nicht selbst „unter Druck". Es muß ja nicht jeder Versuch gelingen! Sie haben das Glück, daß Sie auf keinen Trend, keine Moderichtung Rücksicht nehmen müssen, daß Sie nicht unter Verkaufszwang stehen. Sie sind Ihr eigener Manager, Sie können Ihre Bilder verschenken oder verkaufen, Sie müssen aber nicht. Sie malen allein sich zur Freude, zur Erbauung, zur Erholung. Sie brauchen sich nicht von einem liebgewonnenen Bild trennen, weil Sie davon leben müssen.

Fangen wir also mit gegenständlichem Zeichnen und Malen an; die Vereinfachung bis zur Abstraktion kommt mit der Zeit ganz alleine, sie ist die letzte Stufe und kann nie der Beginn sein, wie manche Anfänger glauben.

Diese Anleitung soll Ihnen helfen, Hemmungen abzubauen, Ungeduld zu überwinden. Es wird sich lohnen. Sie werden „sehen lernen" und die Natur aus einem ganz neuen Gesichtspunkt erleben; Sie werden Ihren Urlaub doppelt genießen. In den Bildern, die Sie malen, halten Sie Erinnerungen fest, die Sie nur so erleben, es wird Ihr nie verlorenes Paradies.

Wichtig ist, daß Sie nicht ungeduldig werden, wenn ein Versuch mißglückt. Sie müssen sich vollkommen von dem Wunsch frei machen, daß jedesmal ein „vollendetes Werk" entsteht. Alles braucht seine Zeit. Auch lesen und schreiben mußten Sie lernen.

Haben Sie immer einen Skizzenblock dabei und zeichnen Sie, was immer Sie reizt! Zeichnen ist das Gerüst des Malens.

Ich wünsche Ihnen dazu viel Freude und Erfolg.

Was ist Aquarell-, was Temperamalerei? Gemeinsam ist den beiden Techniken, daß das Malmittel Wasser ist. Beide sind also „Wasserfarben". Und doch sind die Unterschiede ganz erheblich:

Die Aquarellmalerei Aquarellfarben sind lasierende (durchsichtige) Wasserfarben von wunderbarer Leuchtkraft.
Die Aquarellmalerei wurde eigentlich erst von Albrecht Dürer zum Malen ganzer Bilder verwendet. Vor ihm wurde Aquarellfarbe zum Kolorieren von Kupferstichen und Holzschnitten verwendet, wofür sich die Transparenz dieser Technik anbietet.
Die Aquarellmalerei ist die schwierigste aller Maltechniken, aber auch eine der reizvollsten und elegantesten. Man braucht Geduld, um die Technik durch Erproben und Erfahrung zu beherrschen.
Deckende Farben haben beim klassischen Aquarell nichts verloren. Weiß ist unser unberührtes Papier. Es wird vom Hellen ins Dunkle gemalt. Was also auf unserem Bild weiß werden soll, muß ausgespart und ummalt werden.
Aquarellfarben sind sehr ausgiebig, es reicht meist schon ein „Tupfer" Farbe, mit Wasser verdünnt, um eine größere Fläche zu lasieren (grundieren). Ein Aquarell wird vorwiegend mit spitzen Pinseln gemalt.
Es empfiehlt sich, das Bild in jedem Fall leicht mit Bleistift vorzuzeichnen (der Bleistift sollte nicht zu weich sein, damit der Graphitstaub unsere Farben nicht schmutzig macht). Von Anfang an sollten Sie bemüht sein, nicht oder wenig zu radieren, damit das empfindliche Aquarellpapier nicht an seiner Oberfläche beschädigt wird. Ebenso ist darauf zu achten, daß die Hände trocken sind: Jede Spur von Creme zum Beispiel läßt die Farbe auf dem Malgrund abperlen.
Als ersten Malarbeitsgang lasieren wir mit dünn aufgetragenen Farben die vorher angefeuchteten größeren Flächen mit unserem dicksten Pinsel (zum Beispiel Himmel und Vordergründe). Weiße oder andere hellere Elemente werden ausgespart. Wenn die grundierten Farbflächen etwas angetrocknet sind, sich aber noch „klamm" anfühlen, geht man mit etwas stärkerer Farbintensität an großflächige Details und erst, wenn alles ganz trocken ist, wird das Bild mit den dunkelsten, intensivsten Farben fertiggemalt.
Ich verwende stets gleichzeitig zwei Pinsel, einen für die Farbe, den zweiten für das Auswaschen mit sauberem Wasser. Man sollte sich von Anfang an daran gewöhnen, jedesmal den Farbpinsel auszuwaschen, bevor man von einer in die nächste Farbe geht, denn nur so sind Leuchtkraft und Sauberkeit der Farben garantiert.
In keiner anderen Maltechnik können Licht, Himmel und vor allem Wasser so duftig und transparent dargestellt werden wie im Aquarell.
Da beim Aquarell zum Teil sehr naß gemalt wird, muß das Papier flach aufliegen, damit die Farbe nicht dorthin verläuft, wo wir sie nicht haben wollen. Wenn wir im Freien malen, sollte es auf unseren Knien liegen oder auf einer Feldstaffelei, die waagrecht eingestellt wird. Ein kleines Stück Aquarellpapier neben Ihrem Bild ist wichtig, um die Farben auszuprobieren, bevor Sie losmalen. Das wäre erst einmal grob gesagt die Technik des Aquarellmalens; ich werde darauf in den Bildbeispielen immer wieder detailliert zurückkommen.

Die Temperamalerei Mit dieser Technik hat es der Anfänger etwas leichter, denn Tempera ist wasserlösliche Deckfarbe und bietet mehr Freiraum und Sicherheit als das empfindliche Aquarell. Wenn hier etwas nicht so ausfällt wie gewünscht, kann es durch Übermalen geändert oder verbessert werden. Für weiße oder hellfarbige Elemente im Bild haben wir Deckweiß.
Unser Motiv, das wir vorher skizzenhaft auf einem gesonderten Papier festgehalten haben, wird mit einem spitzen Pinsel oder kleinen Borstenpinsel als Vorzeichnung mit grauer Plakafarbe auf den Malgrund übertragen. (Der Malgrund kann ein mit wasserunlöslicher Dispersions- oder Plakafarbe grundierter Karton sein; es gibt auch fertig grundierte Malpappe oder farbiges Tonpapier zu kaufen.) Die Vorzeichnung muß nicht ins Detail gehen, Einzelheiten würden unter der Deckfarbe sowieso wieder verschwinden.
Als nächste Stufe malen wir pastos (deckend) in schneller Technik und wechselnder Strichführung (siehe Seite 9) mit Borstenpinseln verschiedener Stärke Fläche neben Fläche in ihrem jeweiligen Lokalton, so entsteht eine großflächige Anlage des Bildes. Malen Sie dann gleich in die noch feuchte Grundfarbe die Schattentöne und gehen Sie erst zum Schluß in die hellen Töne. Das Weiß des Malgrundes soll unter den deckenden Farben verschwinden und nicht wie im Aquarell ausgespart werden. Als letzte Stufe werden noch wichtige, feinere Details herausgearbeitet.
Tempera wird am besten an der Staffelei gemalt, damit man auch einmal zurücktreten und das Gemalte aus einigem Abstand kontrollieren kann. Die Farben müssen also eine gewisse Festigkeit besitzen, damit sie nicht herunterlaufen. Ein Bild sollte partienweise, wenn möglich in einem Arbeitsgang gemalt werden, nur so ist es möglich, den besonderen Reiz des „Naß-in-Naß-Malens" zu erreichen.
Wem nun sein Temperabild zu stumpf, zu matt erscheint (was allerdings das Typische dieser Technik ist), kann einen Schlußfirnis leicht und mit viel Gefühl darüberstäuben, den es in Sprühdosen in Matt oder Glänzend zu kaufen gibt. Dies sollte man aber erst machen, wenn man ganz sicher ist, daß das Bild wirklich fertig ist, denn der Sprühlack, der das Gemalte ja schützen soll, macht das Ganze zwar brillanter, frischer, nimmt aber keine Farbe mehr an.
In den folgenden Bildbeispielen werde ich jeweils im einzelnen das Entstehen eines Bildes beschreiben.
Ich selbst freue mich immer wieder darauf, nach einem Aquarell wieder ein Temperabild zu malen – und umgekehrt. Vielleicht ergeht es Ihnen ebenso.

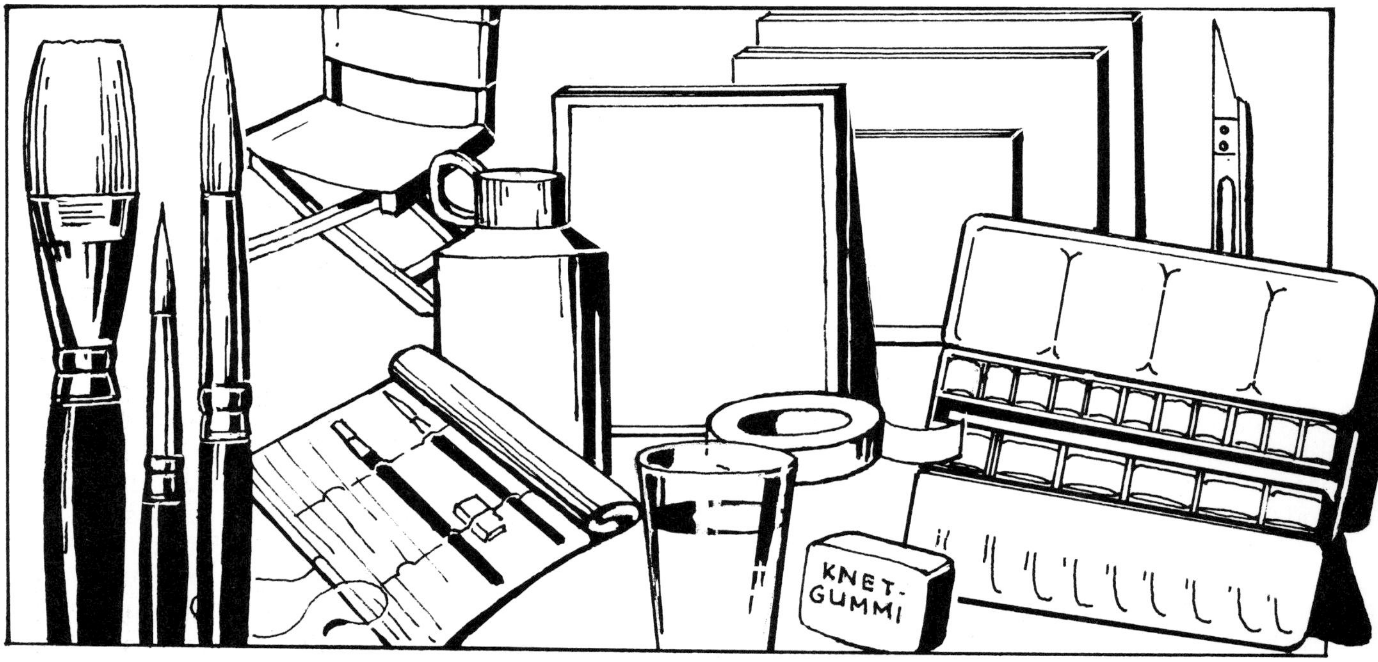

Aquarellmalerei Wenn Sie ernsthaft vorhaben, malen zu lernen, so ist neben einem kleinen Talent, Geduld und Ausdauer das wichtigste, sich gleich von Anfang an gutes Malmaterial zu kaufen. Beim Aquarellieren sind Papier, Farben und ein paar gute Pinsel teuer, aber eine gute Grundausstattung reicht für lange Zeit und hilft uns leichter, den Anfang zu finden und nicht gleich die Lust zu verlieren.

Aquarellpapier Meine Erfahrung hat gezeigt, daß Aquarellpapier mit der Bezeichnung „rauh“ oder noch besser „extra rauh“ mit grobkörniger Struktur das beste Ergebnis bringt. Man bekommt es in Form von Blocks, in denen das Papier rundum angeleimt ist, in verschiedenen Größen (keinen zu kleinen kaufen!) oder als lose Bogen, die man (vorher naßmachen) mit einem Klebestreifen auf einer festen Unterlage rundum befestigen muß (dies ist unbedingt nötig, da wir beim Aquarell zum Teil sehr naß arbeiten, und die Klebestreifen verhindern, daß das Papier sich wellt).

Pinsel Ganz wichtig sind gute Pinsel! Für den Anfang genügen 3 Stück in den Stärken 5, 10, 18. Es müssen nicht die teuren Marderhaarpinsel sein. Ich selbst male fast ausschließlich mit den neuen, qualitativ ausgezeichneten Synthetikpinseln, die sehr strapazierfähig sind und weniger als die Hälfte der Marderpinsel kosten. Allerdings brauchen auch diese Pinsel Pflege und eine liebevolle Behandlung: Nach Gebrauch muß man sie gut auswaschen, wieder „auf Spitze bringen“ und die mitgelieferten Plastikhüllen aufsetzen. Nie darf man einen Pinsel mit der Spitze nach unten im Wasser oder sonstwo stehen lassen, denn das ist sein sicheres Ende.
Als vierten Pinsel sollten Sie sich noch einen großen Verwaschpinsel (Nr. 22) kaufen, um Himmel oder andere größere Flächen großzügig auftragen zu können. Auch diese großen Pinsel gibt es inzwischen in Synthetik. Ich selbst male, wenn möglich, alles mit einem sehr großen Pinsel, vorausgesetzt, er hat eine gute Spitze. Auf keinen Fall sollten Sie mit den billigen Schulpinseln zu malen anfangen.

Farben Und nun zur Farbe. Es gibt Aquarellfarben in Tuben und in Näpfchen (in zwei Größen). Ich ziehe Näpfchen vor, denn sie sind sparsamer und deshalb preisgünstiger. Wenn man vorhat, sein neues Hobby auf Dauer zu betreiben, wird man sich gleich „Feine Studien-Aquarellfarben“ kaufen und erst gar nicht mit einem Schulmalkasten anfangen. Auch rate ich, sich keinen sogenannten Standard-Malkasten zu besorgen, sondern sich einen leeren Kasten anzuschaffen und die Töpfchen dann einzeln zu kaufen.

Das Farbsortiment mit dem man auskommt:
Indigo (ein sehr dunkles Blau, mein Schwarzersatz),
Ultramarinblau (ein sattes Enzianblau),
Coelinblau (leicht grünstichiges Himmelblau),
Echt Olivgrün (ein sattes dunkles Grün),
Saftgrün 1 (ein dunkles gelbliches Grün),
eventuell auch Saftgrün 2 (ein helleres, gelbliches Grün),
Hookersgrün (etwas stumpfer als das Saftgrün 2),
Heliogengrün (ein blaustichiges Grün),
Echt Hellgelb (ein zitroniges Gelb),
eventuell Brillant-Orange,
Permanentrot 3 (ein sattes dunkles Zinnober),
Karmin (ein blaustichiges Rot),
Zinnober hell (gelbliches Rot),
Echt Rosa (für Blüten usw.),
Purpur (ein intensives Kardinalrot),

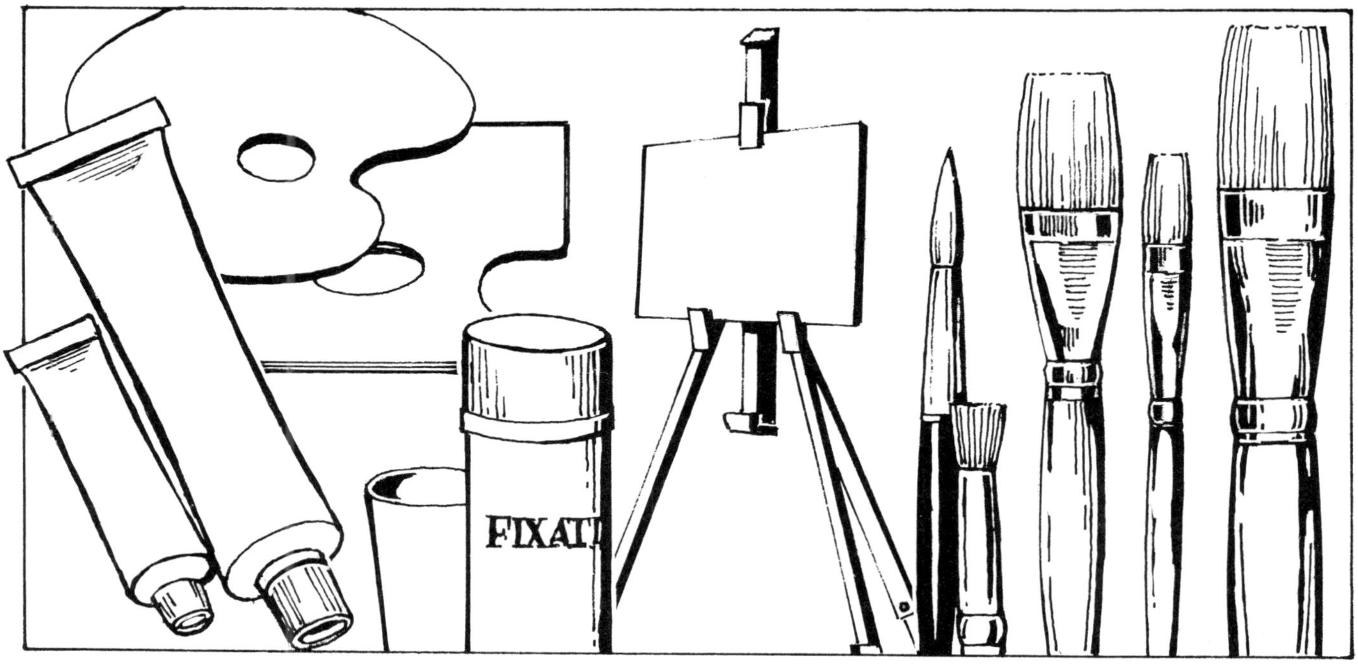

Lichter Ocker (ein gelbliches, sehr helles Braun),
Englischrot (Rostrot),
Umbra gebrannt (ein dunkles Braun),
Caput mortuum (intensives, violett-rötliches Braun),
Siena gebrannt (ein mildes Erdbraun),
Neutraltinte (grau).
Schwarz und Deckweiß gibt es nicht in meinem Malkasten.

Weitere Materialien und Hilfsmittel Um jedes brauchbare Motiv, z. B. einen skurrilen Baum, Busch oder eine Blume, in der Zeichnung festhalten zu können, brauchen wir einen kleinen Skizzenblock mit einfachem „Schmierpapier". Wir brauchen diesen auch, um ihn neben unser Aquarell zu legen und die Farben darauf auszuprobieren.
Weiter brauchen wir zwei Bleistifte (HB und B), einen Spitzer, einen weichen Radiergummi (am besten einen Knetgummi) und einen harten Schreibmaschinenradierer in Bleistiftform, den man zuspitzen kann, um damit noch Helligkeiten herauszuradieren.
Wichtig sind ein nicht fusselnder Mallappen, Papiertaschentücher und ein weicher kleiner Naturschwamm.

Für das Malen im Freien brauchen wir noch einen leichten Klappstuhl (möglichst mit Lehne). Wer nicht gut im Sitzen mit dem Malblock auf dem Schoß arbeiten kann, kaufe sich eine leichte Wanderstaffelei, die man waagrecht stellen kann, so daß man wie an einem Tisch im Stehen oder Sitzen malen kann.
Gut wäre auch ein Sonnenschirm. Nicht zu vergessen eine Plastikflasche für Malwasser und einen Malbecher.

Temperamalerei Da wir diese Technik (wenn möglich) im Stehen malen, brauchen wir eine Staffelei, die man in der Höhe verstellen kann, und ein kleines Beistelltischchen zum Ablegen unserer Utensilien.

Malgrund Hier haben wir die Wahl zwischen fertig zu kaufenden Malkartons, die bereits grundiert sind, und Malpappen, die man sich selbst präpariert. Ich ziehe Malpappen vor, da ich mir schon mit der Grundierung eine reizvolle Struktur schaffen kann. Grundieren kann man mit Plaka-, Dispersionsfarbe oder mit fertiger Grundierfarbe. Alle drei sind in getrocknetem Zustand wasserunlöslich. Man kann als Malgrund auch farbige Pappe verwenden, die auf dem Temperabild ruhig „durchblitzen" darf.

Farben Das Sortiment entspricht meinen Vorschlägen für die Aquarellmalerei. Verwenden Sie „Plakat-Tempera" oder Gouachefarben in Tuben. (Achten Sie beim Einkauf darauf, daß sich die Tuben weich anfühlen, also frisch sind.) Es kommt dann noch eine große Tube Deckweiß dazu – sowie ein Töpfchen grauer Plakafarbe (mit der das Bildmotiv vorgezeichnet wird).

Pinsel Zur Temperamalerei benötigen wir Borstenflachpinsel (wie bei der Ölmalerei) in den Größen 4, 10 und 18 sowie zwei Stupfpinsel in verschiedenen Stärken und zwei Rundpinsel (Synthetiks wie beim Aquarellieren), Gr. 8 und 12.

Palette Beim Temperamalen braucht man zum Mischen eine Palette. Zu empfehlen sind neben Holz- und Blechpaletten die Blockpaletten mit ablösbaren Papierblättern.
Weniger zünftig, aber genauso brauchbar sind Porzellan- oder Plastikteller, Schalen oder ein Karton.

Zur Maltechnik Aquarellieren ist eine Erfahrungskunst. Jeder wird irgendwann, früher oder später, seinen ganz persönlichen Stil finden. Ich kann nur anregen und einige Elementarregeln weitergeben:
Die wichtigste Regel: Es wird von den hellen in die dunklen Töne gemalt. Weiß ist unser Papier, muß also ausgespart werden. Konturen entstehen beim Aquarellieren, indem eine hell gemalte Fläche von einer dunkleren abgehoben wird (siehe Baumgruppen).
Naß-in-Naß-Malen heißt die Farbe in mit Wasser angefeuchtete Flächen laufen lassen (siehe Himmel) oder in eine feuchte Farbe dunklere Töne fließen lassen. Versuchen Sie selbst, mit Ihrem Material vertraut zu werden, und malen Sie erst mit einer Farbe, wie meine Beispiele zeigen. Halten Sie immer ein Papiertaschentuch parat, um sofort abtupfen zu können, was zu naß oder mit zu viel Farbe gemalt wurde. Versuchen Sie von Anfang an mit zwei Pinseln zu arbeiten: einer für die Farbe, der zweite, um Verläufe anzulegen. Ist dann alles trocken, fügen Sie die dunkelsten Töne dazu.

△1

Abb. 1 Himmel/Aquarell In keiner Maltechnik läßt sich ein Wolkenhimmel duftiger, anmutiger darstellen als im Aquarell. Zuerst zeichnen wir mit Bleistift einige Wolkenformen ganz zart vor, dann legen wir über die Fläche des Himmels, die später blau gemalt werden soll, mit klarem Wasser eine ziemlich nasse Basis, wobei die Wolken, die ja weiß bleiben sollen, ausgespart werden müssen. Anschließend lassen wir verdünntes Coelinblau in die nasse Fläche einfließen, und zwar malen wir von links nach rechts und von oben nach unten. Der obere Bildrand, der ja unser „Firmament" ist, sollte mit einem intensiveren Blau betont werden. Wenn man will, kann man in den unteren Wolkenrand einen leichten Schatten mit einem Hauch von Indigo malen.

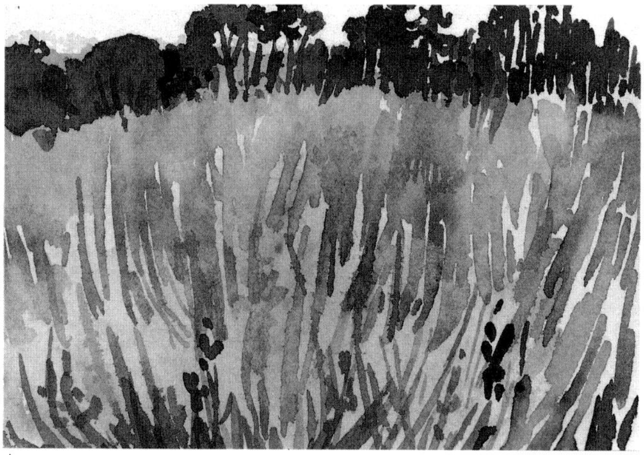

△2

Abb. 2 Wiesenvordergrund/Aquarell Das Beispiel Wiesenvordergrund zeigt den Unterschied zwischen Aquarell- und Temperatechnik besonders deutlich. Beim Aquarell wird wieder als erstes die Wiesenfläche im hellsten Grünton zart lasiert (grundiert). Dann werden die hellen Gräser, die unserem Auge am nächsten liegen, ausgespart und mit einem dunkleren Grün und mit Ocker ummalt, so entsteht im Aquarell eine Licht-und-Schatten-Wirkung. Als letztes werden der Wald im Hintergrund und noch einige Details in die Wiese mit dem dunkelsten Grün (gemischt mit Indigo) gemalt.

▽3

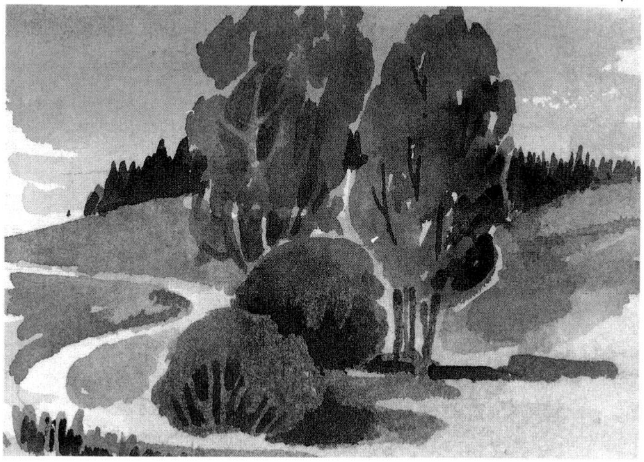

Abb. 3 Baumgruppe/Aquarell Nach einer leichten Bleistiftvorzeichnung wurde wieder zuerst das hellste Grün der Wiese gemalt. In die noch feuchte Farbe einige dunklere Grün- und Ockertöne einlaufen lassen, um mehr Lebendigkeit zu erzielen. Der Weg wurde ausgespart.
Als nächstes wurden Bäume und Büsche mit einem mittleren Grünton grundiert und auf der Schattenseite (im Bild rechts) ein dunkles Grün in die feuchte Fläche gemalt. Zum Schluß werden der dunkle Wald im Hintergrund, Schlagschatten und Äste gemalt. In meinem Beispiel wurden die Zweige einmal dunkel gemalt, und beim anderen Baum und dem Busch im Vordergrund habe ich die Äste ausgespart und durch dunkleres Ummalen hervorgehoben; eine reizvolle Variante, wie Sie noch öfter sehen werden.

Maltechnik Tempera Wie schon erwähnt, ist Tempera eine deckende Farbe. Damit zu malen, ist leichter als mit Aquarellfarbe. Weiße oder helle Flächen oder Gegenstände brauchen wir nicht aussparen, wir können sie „draufmalen“. Fehler oder etwas weniger Gelungenes kann mit Farbe abgedeckt werden.
Wir haben aber auch die Möglichkeit, in einen noch feuchten Grund hell oder dunkel zu malen und damit einen Farbverlauf zu erzielen, ähnlich wie beim Aquarell (siehe Baumgruppen). Gräser und kleine Pflanzen für Vordergründe werden deckend gemalt (siehe Beispiel), im Gegensatz zum Aquarell, bei dem die hellen Grasbüschel ausgespart werden.
Auch mit Tempera sollte flott gemalt werden und bei größeren Flächen die Pinselführung geändert werden, also in verschiedene Richtungen erfolgen, um so reizvolle Strukturen zu erzielen (siehe Himmel und Hintergründe). Die ganz dunklen und hellen Elemente malen wir zum Schluß, wenn wir sehen, wo noch Lebendigkeit und Kraft fehlen: z. B. tiefe Schatten und helles Licht.

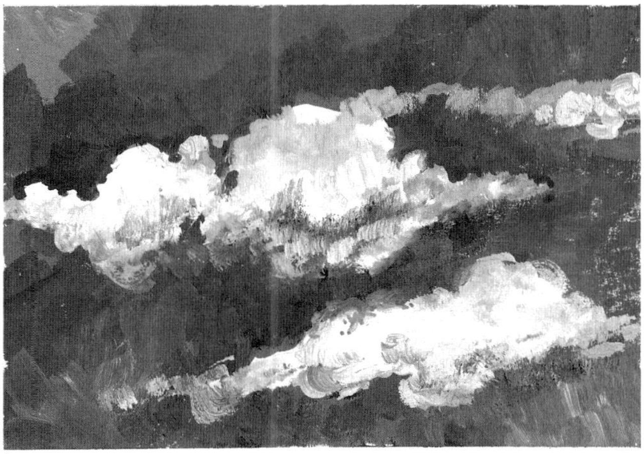

Δ4

Abb. 4 Himmel/Tempera Ein Wolkenhimmel kann in Tempera leichter als beim Aquarell gemalt werden. Tempera ist deckende Farbe, und Weiß kann aufgemalt werden, braucht also nicht ausgespart zu werden.
Wir legen den Himmel mit dickflüssigem Blau an (Coelinblau, mit Weiß gemischt). Es wird in flotter Pinselführung von links nach rechts, von oben nach unten in wechselnder Struktur gemalt. Wenn sich die Farbe noch „klamm“ anfühlt, kann man schon anfangen, die Wolken mit Deckweiß aufzusetzen und so durch die noch vorhandene Feuchtigkeit der Farbe einen weicheren Verlauf erzielen. Anschließend werden intensiv weiße Wolkenpartien mit pastos gemaltem Deckweiß aufgetragen.

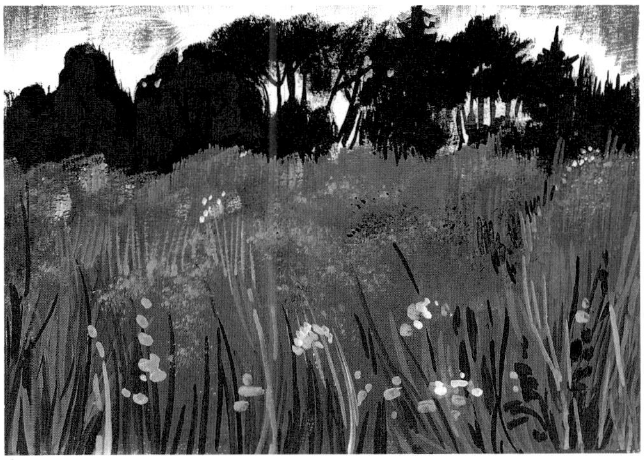

Δ5

Abb. 5 Wiesenvordergrund/Tempera Auch bei diesem Beispiel habe ich die Wiesenfläche mit einem mittleren Grünton grundiert. Ganz im Vordergrund stehende Gräser, Blüten und Blattpflanzen wurden in einem dunkleren bzw. ganz hellen Grün deckend darübergemalt; mit Deckweiß werden Blumen zur Belebung dazugemalt. Für diese feinere Arbeit habe ich keinen Borstenpinsel, sondern einen spitzen Rundpinsel verwendet. Im letzten Arbeitsgang kommen wieder die dunklen Bäume im Hintergrund dran, die mit dem dunkelsten Grün, gemischt mit Indigo, flächig hingesetzt werden.

∇6

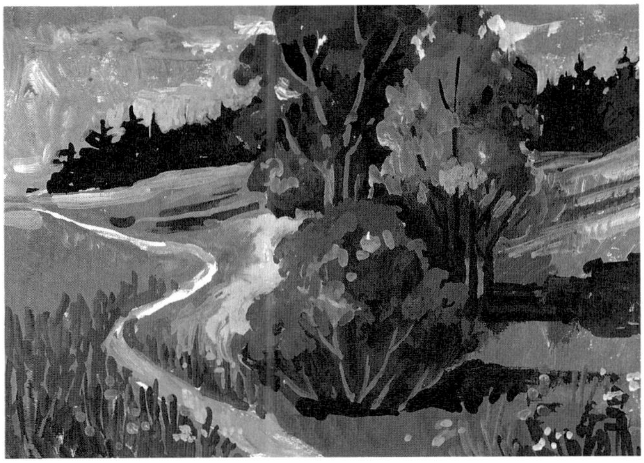

Abb. 6 Baumgruppe/Tempera Als erstes wurde hier der Himmel gemalt. Nach unten zum Horizont (Waldrand) habe ich die Farbe mit zugemischtem Deckweiß aufgehellt. Dann wurde mit einem mittleren Grün die Wiese grundiert. Der Weg und die Gräser wurden hell bzw. dunkel deckend gemalt. Die Bäume und der Busch wurden als nächstes in flotten Pinselstrichen als Fläche grundiert, und dann wurde das Licht aufgesetzt, Schatten und Äste wurden dunkel deckend aufgemalt. Als letztes wurde die Waldsilhouette im dunkelsten Grün dahintergemalt.

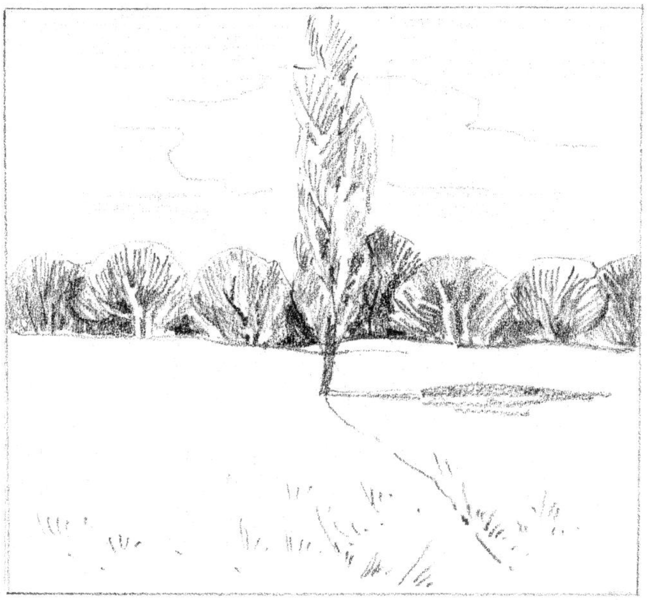
△1

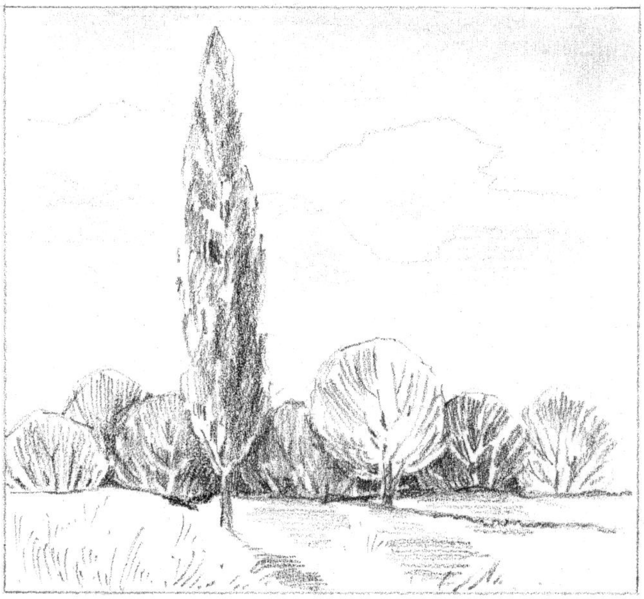
△2

▽3
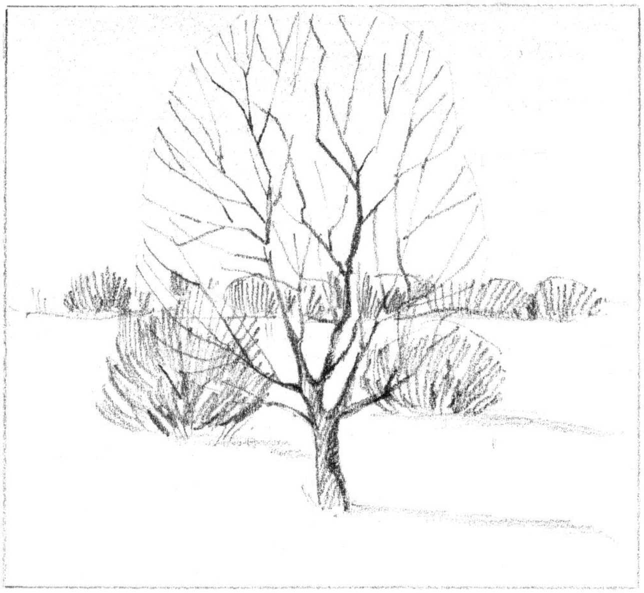

▽4
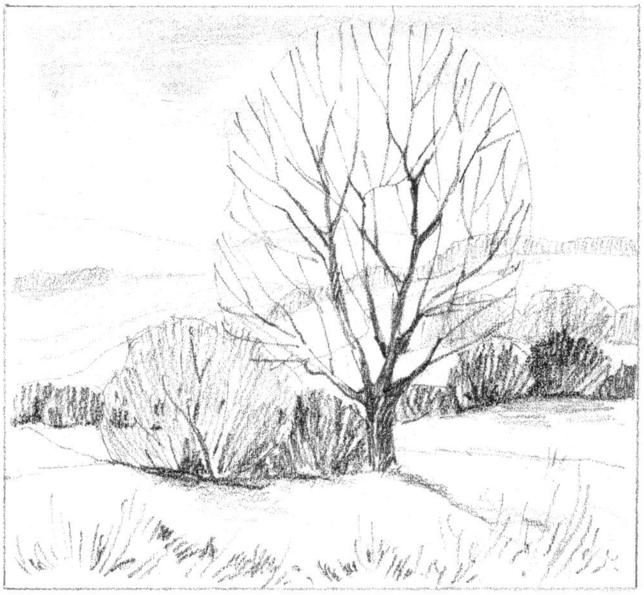

Die Komposition Es ist wichtig, wie ein Bild aufgebaut wird: es soll Spannung haben und nicht langweilig sein, also gut komponiert sein.
Wenn Sie mit der Aufteilung Ihres Bildformates beginnen, müssen Sie auf den „Goldenen Schnitt" achten. Das heißt: Eine Fläche sollte im Verhältnis von etwa 5:8 unterteilt werden. In der Praxis bedeutet dies, daß man das Hauptmotiv eines Bildes nicht in die Bildmitte setzen sollte (Abb. 1 und 3): Es sieht viel besser aus, wenn man (wie auf Abb. 2 und 4) die Pappel oder den großen Laubbaum etwas aus der Bildmitte versetzt.
Ebenso sollte man die Waagerechte eines Motivs nicht genau in die Bildmitte legen (Abb. 1 und 3), sondern in etwa zwei Drittel Landschaft und ein Drittel Himmel – oder umgekehrt – aufteilen (Abb. 2 und 4).
Mit der Zeit wird Ihnen dieses Prinzip ganz selbstverständlich werden.

Etwas über Perspektive Es gäbe viel zu sagen über Perspektive! Ich will Ihnen aber den Kopf nicht schwer machen und mich so verständlich wie möglich ausdrücken.
Da wir ja hauptsächlich Bäume in ihrer Landschaft malen wollen, brauchen wir uns den Kopf nicht zu zerbrechen über die Schwierigkeiten des perspektivischen Darstellens von Häusern. Nur so viel: Uns gegenüber in der Ferne liegt in Augenhöhe der Fluchtpunkt. Von da aus geht nach rechts und nach links endlos die Augenlinie. Waagerechte Linien aller Gegenstände laufen auf die Augenlinie zu. Bäume und Häuser fallen an ihrer höchsten Stelle (die also über uns liegt) zum Fluchtpunkt ab. Die Basis dieser Gegenstände (also die tiefer unter uns liegende) steigt zur Augenlinie hinauf. Ich selbst helfe mir, indem ich einen Bleistift waagerecht halte und so den jeweiligen Winkel der Perspektive auf mein Bild übertrage.

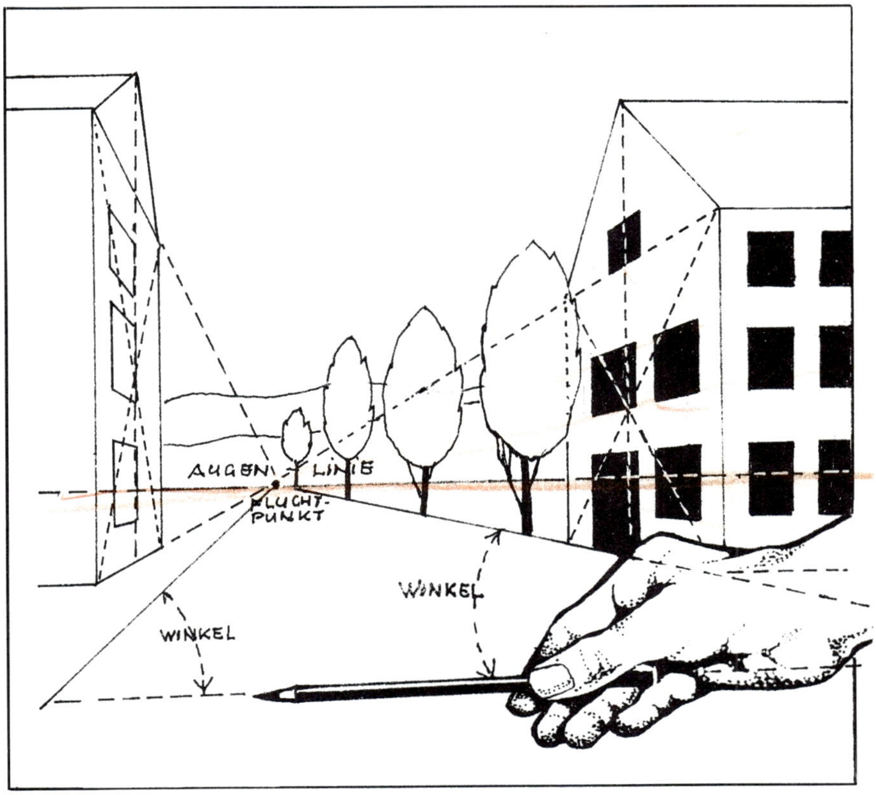

Luftperspektive In der Malerei ist dies gut mit dem Auge festzustellen. Wir wissen, daß bei hintereinander liegenden Berg- und Hügelketten die farbgleiche „grüne" Vegetation sowohl die nahe liegenden als auch die entfernten Hügel überzieht. Trotzdem werden wir die weiter gelegenen in einem „Blauton" und die näher gelegenen in einem „wärmeren" Ton, in gelblichem Grün wahrnehmen. Es ist die Luft dazwischen! Bäume und Waldstücke erscheinen in der Ferne in helleren Farbtönen; je näher sie aber unserem Auge kommen, um so intensiver wird die Farbe. Kneifen Sie die Augen zusammen, und es wird Ihnen dieses Phänomen mit der Zeit von selbst in „Fleisch und Blut" übergehen. Wir müssen also zum Horizont hin die Farben aufhellen und die Konturen auflösen, nach vorn die Töne intensiver malen – das ist die ganze „Zauberei".

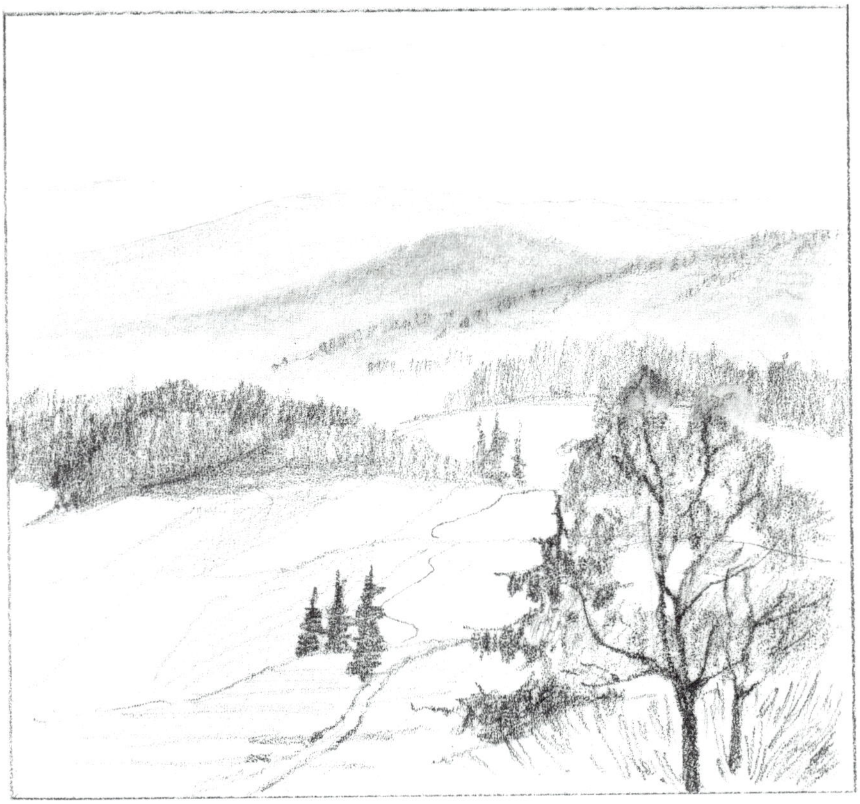

Anschauen – sich vertiefen – zeichnen – malen
Das Zeichnen und Malen von Bäumen und Sträuchern gehört zum schwersten in der Malerei. Ich will versuchen, Ihnen einen Weg dazu zu zeigen. Wir brauchen eine gute Beobachtungsgabe, die man nur durch immer wieder genaues Hinsehen erwerben und trainieren kann. Sie sollten so oft wie möglich draußen in der Natur zeichnen und malen. Kneifen Sie die Augen zusammen, dann können Sie die großen Formen besser erfassen und werden nicht von den unendlich vielen „Nebensächlichkeiten" abgelenkt. Zeichnen Sie skizzenhaft Stamm und Äste, geben Sie sich die Flächen der Laubbündel an, die später Äste und Stämme verdecken. Nichts ist dilettantischer als zusammenhangloses Gemale von Zweigen und Stämmen. Schauen Sie sich die Eleganz eines Astverlaufes an, zeichnen Sie ihn mit Liebe und Geduld. Geduld ist überhaupt das Wichtigste beim Malenlernen. Alle, auch die größten Künstler, mußten es lernen – auch alles andere mußte einmal gelernt werden. Erwarten Sie nicht, daß jeder Versuch ein vollendetes Bild wird – lassen Sie sich Zeit!
Schauen Sie sich also die Bäume genau an. Jede Gattung hat einen anderen Wuchs und eine andere Laubfärbung. Sie sind nicht einfach „grün". Das eine Grün ist gelblich, das andere geht mehr ins Blau oder ist rot- oder braunstichig. Versuchen Sie die Farben zu mischen und, vor allem: Schauen Sie sich die Stämme und Äste an. Sie sind nicht „braun", wie wir sie als Kinder gemalt haben: sie sind meist grau in den verschiedensten Tönungen. Lernen Sie die Bäume und ihre Eigenheiten kennen, und Sie werden die Natur in ihrer vergänglichen Schönheit mit ganz anderen Augen sehen als bisher. Dies liegt mir ganz besonders am Herzen. Ich hoffe, daß dieses Buch Ihnen dazu verhilft.

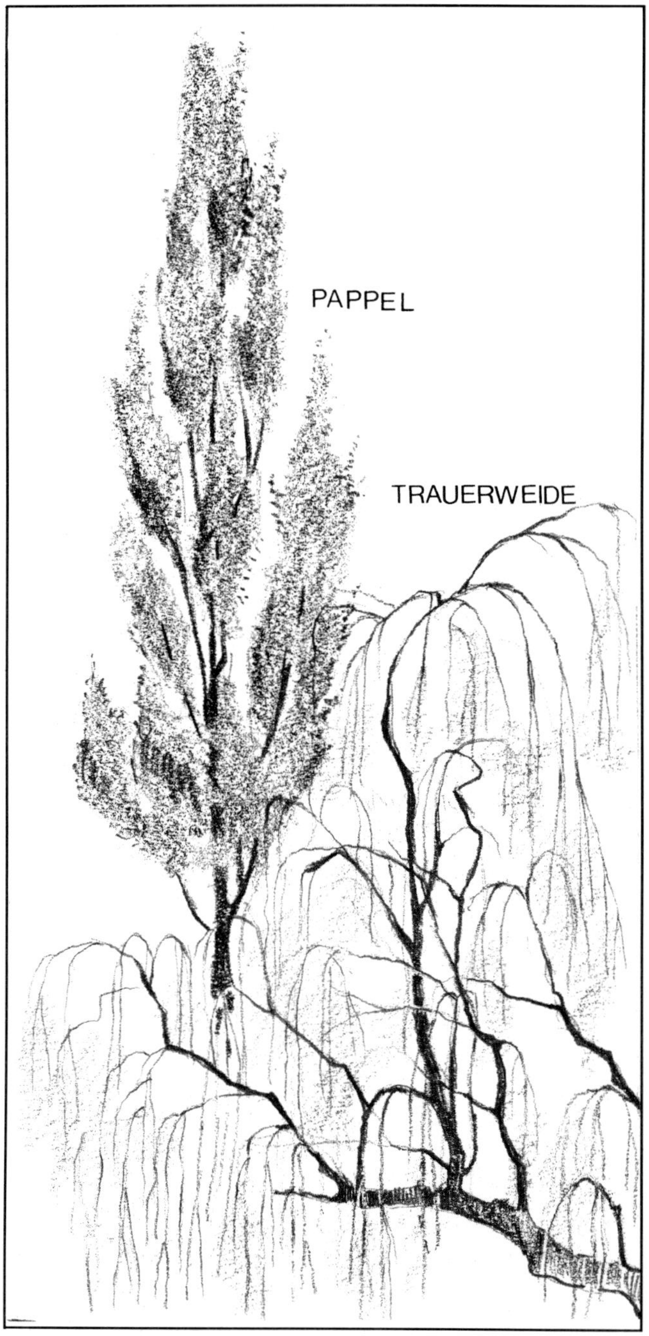

Die Pappel wächst außerordentlich schnell und kann bis zu 40 Meter hoch und über 100 Jahre alt werden. Stamm und Äste streben nach oben (deshalb wird sie auch scherzhaft die nordeuropäische Zypresse genannt). Sie wächst in feuchten Auwäldern, an Bachrändern und wird auch gern als Alleebaum gepflanzt.

Die Trauerweide dagegen fällt uns durch ihre lang überhängenden Äste auf und wird wegen ihres anmutigen Aussehens gern in Anlagen und Parks gepflanzt. Ihr natürlicher Lebensraum ist das Fluß- und Bachufer. Sie bekommt als einer der ersten Bäume ihr hellgrünes Laub im Frühling.

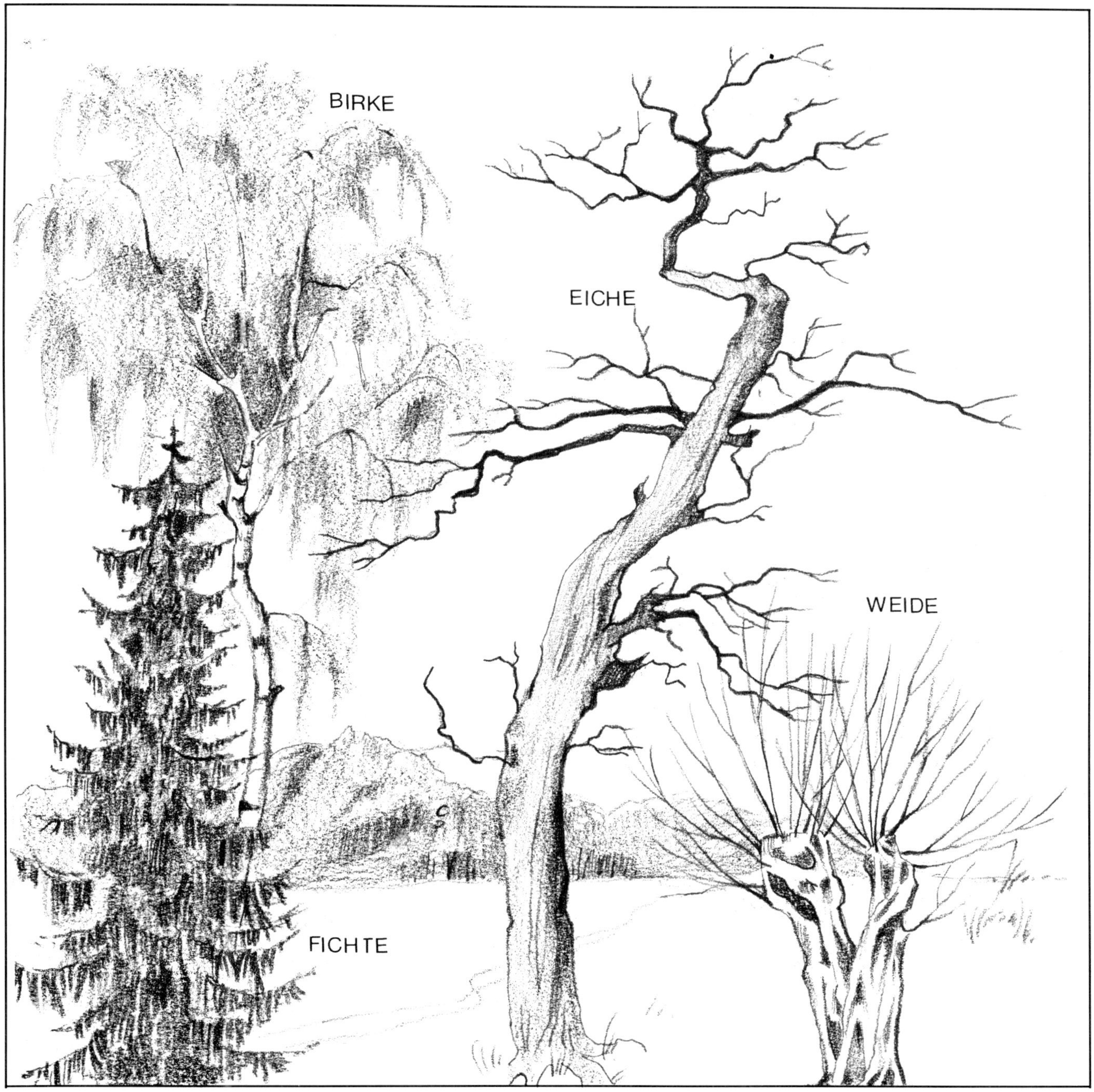

Die Birke, deren Zweige ähnlich wie bei der Trauerweide im Wind wehend herunterhängen, erfreut uns vor allem durch ihren seidig-weißen Stamm, der hoch bis in die hellgrüne Laubkrone reicht. Sie wächst an Waldrändern und in der Heidelandschaft.

Die Fichte sieht man leider fast ausschließlich in den Monowäldern, die zur Holzgewinnung angelegt wurden. Eine freistehende Fichte ist ein herrlicher Anblick. Sie erreicht nicht selten ein Alter von 500 Jahren und eine Höhe bis zu 50 Meter. Sie braucht ein regen- und nebelreiches Klima. In den Alpen steigt sie bis zu 2000 Meter. Ihr Nadelkleid ist dunkel und immer grün.

Die Eiche erreicht nicht selten ein Alter von über 1000 Jahren. Diese kraftvollen, knorrigen Riesen wachsen in kleinen Kolonien unter ihresgleichen oder als Einzelwesen am Waldrand. Erst im Winter oder frühen Frühling verlieren sie ihre Blätter.

Die Sal- oder Palmweide ist bescheiden in ihrem Standortanspruch; sie ist fast überall auf Wiesen, Weiden und vor allem an Bachrändern zu finden. Sie wird bis zu 8 Meter hoch und selten über 50 Jahre alt. Aus ihren biegsamen Zweigen werden Körbe geflochten. Es gibt übrigens über 30 Weidenarten.

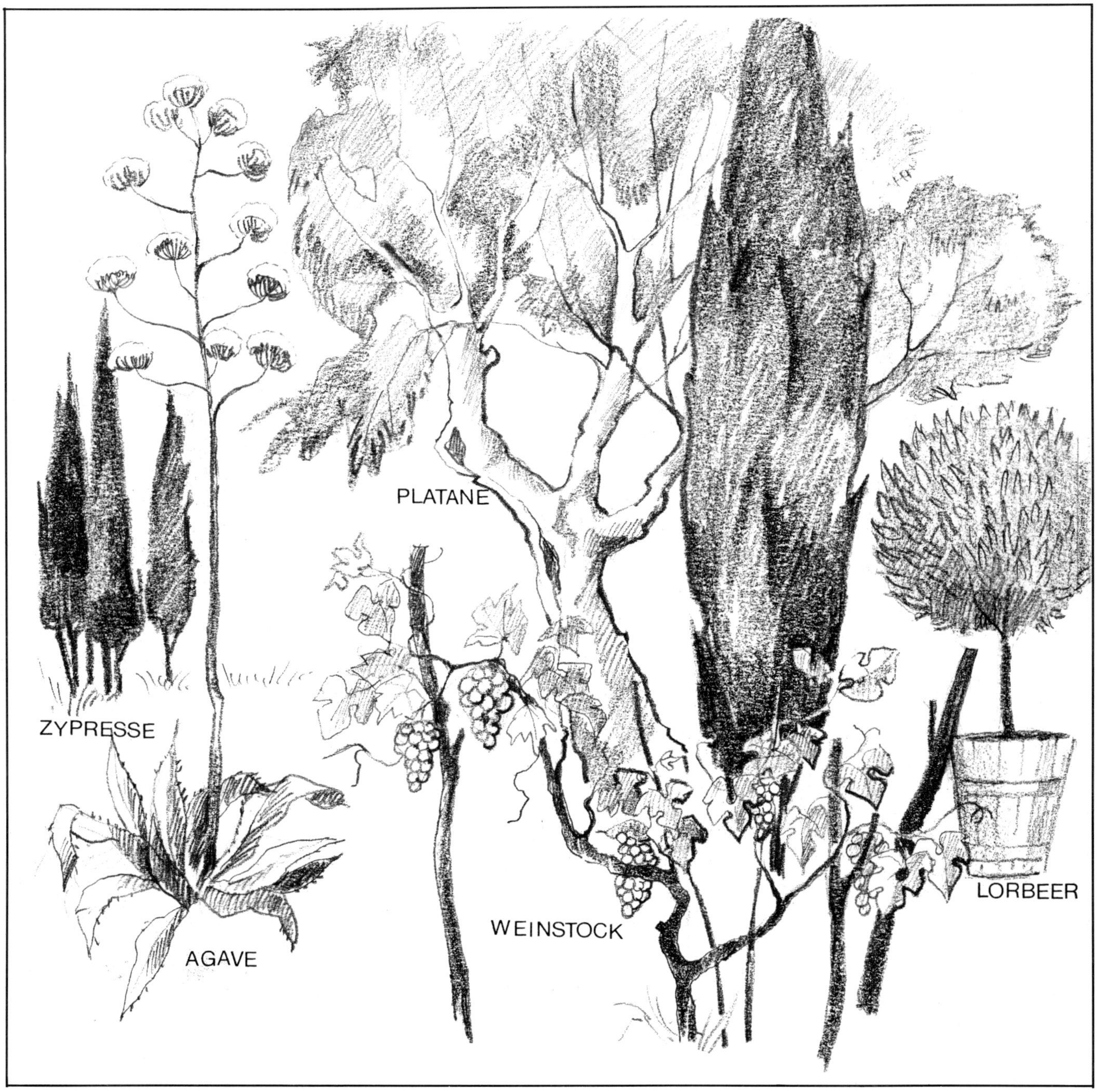

Die Zypresse ist wohl der bekannteste und auffallendste Baum in der südlichen Landschaft. Ihr spitzer Wuchs und ihr tiefdunkles Nadelkleid gibt der südlichen Landschaft ihr typisches Aussehen. Schon die Assyrer haben sie in ihrer Kunst dargestellt.

Die Agave fällt auf durch die Rosette großer stacheliger Blätter, die eine Länge bis zu 2 Meter erreichen können; sie braucht etwa 10 Jahre, bis ihr bis zu 15 Meter hoher Blütenschaft mit unzähligen lilienähnlichen Blüten heranwächst. Dieser Blüten- und Samenstand kostet die ganze Kraft der Pflanze, so daß sie anschließend abstirbt.

Der Weinstock ist eine sehr schön anzusehende Kletterpflanze. Er wird in sonnenreichen Gebieten auf weiten Feldern oder an Hängen an Pfählen zur Weingewinnung gezogen. In südlichen Gegenden rankt er sich über idyllische Weinlauben oder über ganze Häuserfronten.

Die Platane wird bis zu 25 Meter hoch. Sie ist leicht an dem malerischen Stamm und den ahornförmigen großen Blättern zu erkennen. Im Herbst trägt sie stachelige, kugelrunde Früchte, die an einem Stiel baumeln. Unvergeßlich sind im Süden die schattigen Alleen und Dorfplätze mit den uralten, knorrigen Platanen.

Der Lorbeerbaum kann bis zu 8 Meter hoch werden. Meist aber wird er wegen seines dunklen immergrünen Laubes in kugelrunder oder spitzer Form zugestutzt und auch als Lorbeerbäumchen in Kübel gepflanzt. Seine ledrigen glänzenden Blätter mit ihrem würzigen Duft und die Früchte sind beliebte Küchengewürze.

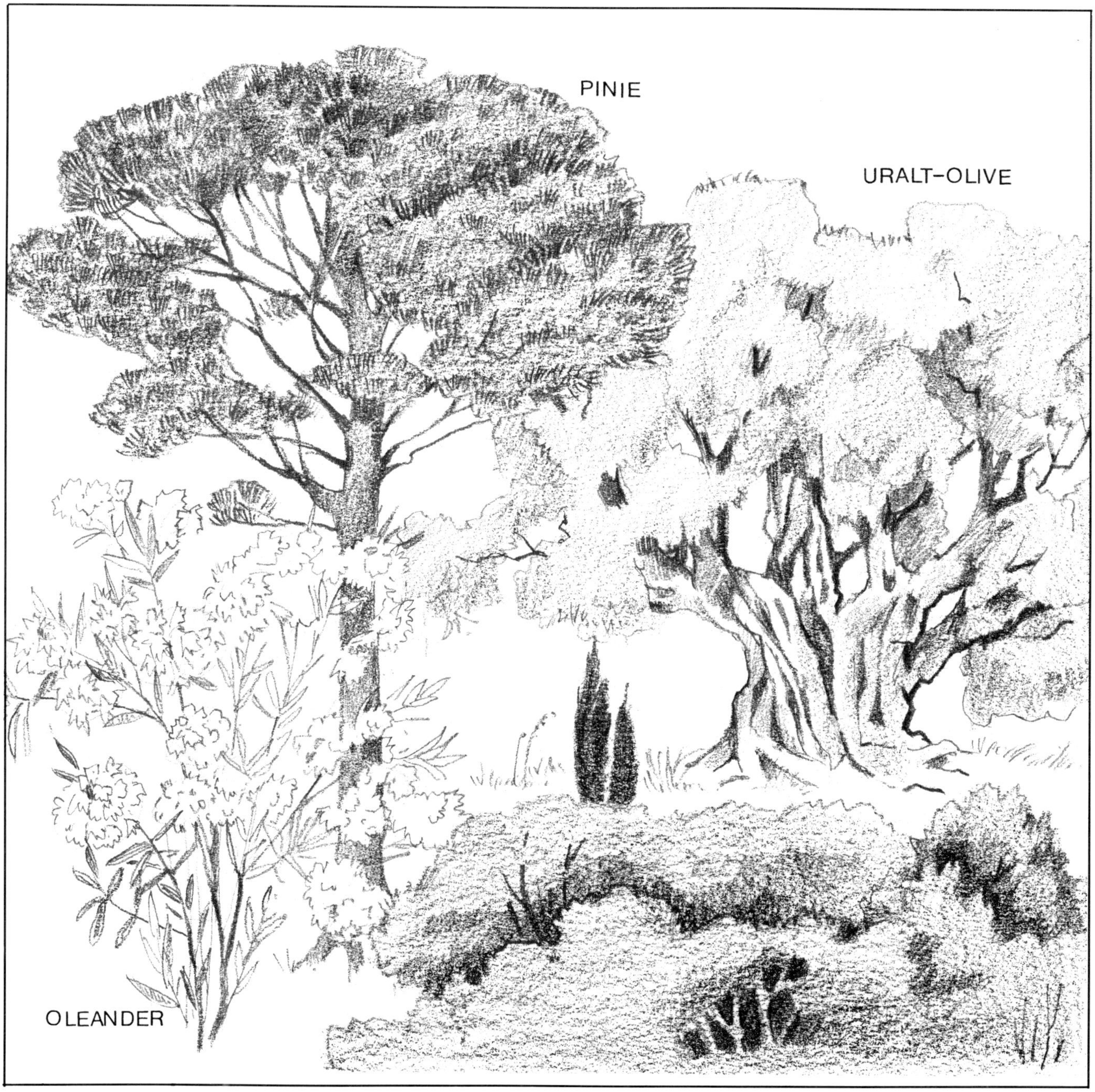

Die Schirmpinie ist eine der unzähligen Kiefernarten und für die südliche Landschaft fast ebenso typisch wie die Zypresse. Ihr dichtes, dunkelgrünes Nadeldach wird als Schattenspender auch an Straßen und in Parks angepflanzt.

Der Olivenbaum ist ebenfalls ein unverkennbares Kind des Südens. In seiner Jugend hat er einen einfachen Stamm, der sich mit wachsendem Alter zu zwei oder drei Teilstämmen auflöst und sich ineinander verwächst und verkrümmt und dadurch sein bizarres Aussehen erhält. Das Laub ist ähnlich der Weide lanzettförmig, graugrün, ledrig und immer grün.

Der Oleander ist aus der südlichen Landschaft nicht wegzudenken. Als runder Busch oder als Alleebäumchen sowie als beliebte Kübelpflanze treibt er fast das ganze Jahr über die schönsten, rosenartigen Blütendolden vom reinen Weiß bis zum dunkelsten Rot.

Beim Malen in der Natur hat man total veränderte Verhältnisse gegenüber dem Atelier zu beachten.
Das Licht wechselt stündlich, es kann zu heiß oder zu kühl sein. Aber mit der Zeit werden Sie feststellen, daß das Malen draußen mit nichts zu vergleichen ist.

Ausrüstung Um draußen zu malen, benötigt man eine andere Ausrüstung als beim Malen im Raum. Ganz wichtig ist ein kleiner, möglichst niedriger Stuhl, am besten mit Lehne, denn man sollte bequem sitzen, um das Malen vor der Natur auch als Erholung zu empfinden. Vielleicht kaufen Sie sich eine leichte Staffelei, die Sie waagerecht wie einen Tisch verstellen können. Aber auch flach auf dem Schoß läßt es sich nach einiger Übung gut arbeiten. Ein Schirm oder wenigstens ein leichter, breitrandiger (Stroh-)Hut sollte vor greller Sonne schützen. Sie brauchen auch eine Wasserflasche und einen Becher fürs Malwasser, den Sie neben sich auf den Boden stellen. Ihr Malkasten hat meistens auf der Unterfläche einen Ring, durch den Sie den Daumen stecken und den Kasten so auf die flache Hand legen können, ohne daß er ständig verrutscht. So können Sie noch zusätzlich Ihre Pinsel und einen Mallappen in diese Hand nehmen.
Aber zuerst geht es ja auf die

Motivsuche Sie sollte für den Anfang natürlich nicht zu schwierig sein. Leicht gesagt, ich weiß es. Aber da hilft ein „Sucher". Das ist ein kleines Rähmchen, das Sie sich selbst aus einem Karton schneiden können – ein „Fensterchen" also, das den verkleinerten Ausschnitt Ihres Bildformates darstellt. Damit können Sie erreichen, daß allzu Verwirrendes abgedeckt wird und nur Ihr Motiv festgehalten wird.
Wenn Sie sich also für ein Motiv entschieden haben, übertragen Sie mit Bleistift den Ausschnitt, den Sie in Ihrem Rähmchen sehen, auf Ihren Malblock: Verschieben, vergrößern oder verkleinern Sie ruhig einen Baum o. a., wenn dadurch die Komposition besser wird. Fangen Sie erst zu malen an, wenn sich Licht und Schatten nicht mehr grundlegend ändern. Erfinden Sie nun nichts Unnötiges dazu und, vor allem, malen Sie nicht „auswendig" – also schauen Sie immer wieder auf das, was vor Ihnen liegt, und hören Sie rechtzeitig auf. Man malt öfter zuviel als zuwenig.

Malen in der Gruppe Ich weiß durch meine Malkurse, daß es ganz besonders Spaß macht, im Freien in einer kleinen Gruppe oder wenigstens zu zweit zu malen. Man wird angeregt durch die Art, wie andere das gleiche Motiv auffassen, und außerdem macht es dann nicht mehr so viel aus, wenn Zuschauer (mit ihren Bemerkungen) über die Schulter sehen, denn unsere Mitmaler tun dies auch und nehmen uns so die Scheu. Sie werden staunen, wie verschieden in der Auffassung und Wiedergabe das gleiche Motiv, von verschiedenen Menschen dargestellt, aussehen kann.

Das Mischen von Aquarellfarben Das Farbmischen ist vor allem beim Aquarellieren faszinierend und wichtig. Trotzdem sollte man möglichst nicht mehr als zwei Farben miteinander vermischen, um die Brillanz und Reinheit nicht zu verderben. Ich selbst verwende selten eine Farbe unvermischt aus meinem Malkasten. Dies gilt im besonderen für die Grüntöne, die ja für unser Thema „Bäume und Sträucher" besonders wichtig sind.
Beachten Sie auf der Mischtabelle I die unzähligen Mischergebnisse mit jeweils zwei Farben. Wir haben nur vier Grüntöne in unserem Sortiment und können damit unter Beimischung nur einer Fremdfarbe jeden Grünton erzielen, der in der Natur vorkommt.
Versuchen Sie also als erstes, sich mit Ihren Farben vertraut zu machen (siehe S. 6/7), und experimentieren Sie selbst. Mischen Sie auch alle Farben mit der unentbehrlichen herrlichen Farbe Indigo, und Sie werden staunen, welche klaren, sauberen dunklen Farbmischungen Sie erreichen. Verwenden Sie kein Schwarz, denn es macht die Farben nur schmutzig. Ein schöneres und natürlicheres Schwarz erreichen Sie, wenn Sie Indigo mit Caput mortuum mischen.

Das Mischen von Temperafarben Mein Professor an der Akademie sagte zu uns: „Je größer die Palette, desto kleiner der Meister." Er war ein Meister im Mischen der Farben.
Auf meiner Mischanleitung II sehen Sie, mit wie wenig „Grundfarben" man eine Vielfalt an Farbabstufungen erzielen kann. Bei meinen Beispielen verwendete ich nur fünf „Grundfarben" und außerdem Deckweiß zum Aufhellen der Farben.
Ultramarinblau und Karmin,
Zinnober dunkel und Echt Hellgelb,
Zinnober dunkel und Saftgrün.

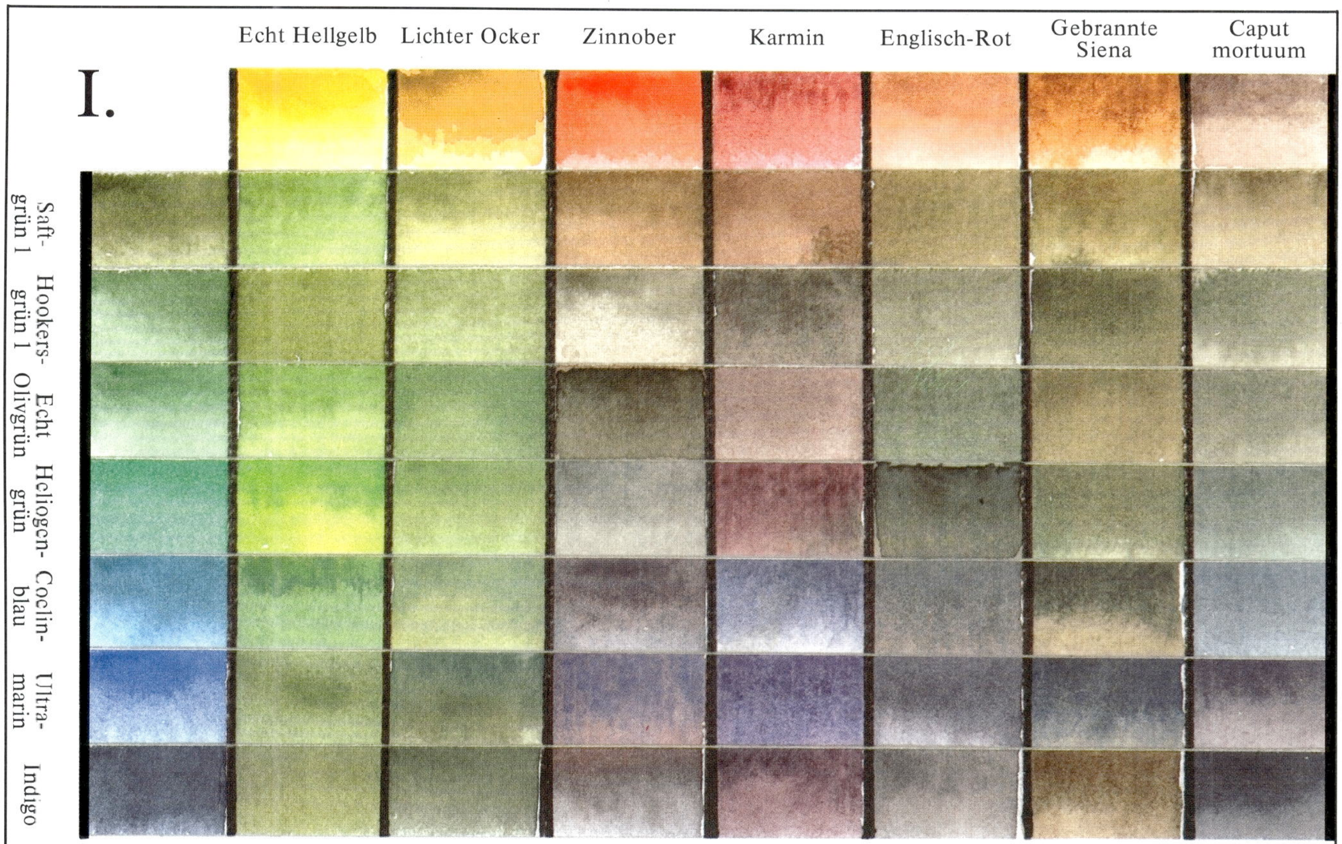
I.
Echt Hellgelb
Lichter Ocker
Zinnober
Karmin
Englisch-Rot
Gebrannte Siena
Caput mortuum
Saft-grün 1
Hookers-grün 1
Echt Olivgrün
Heliogen-grün
Coelin-blau
Ultra-marin
Indigo

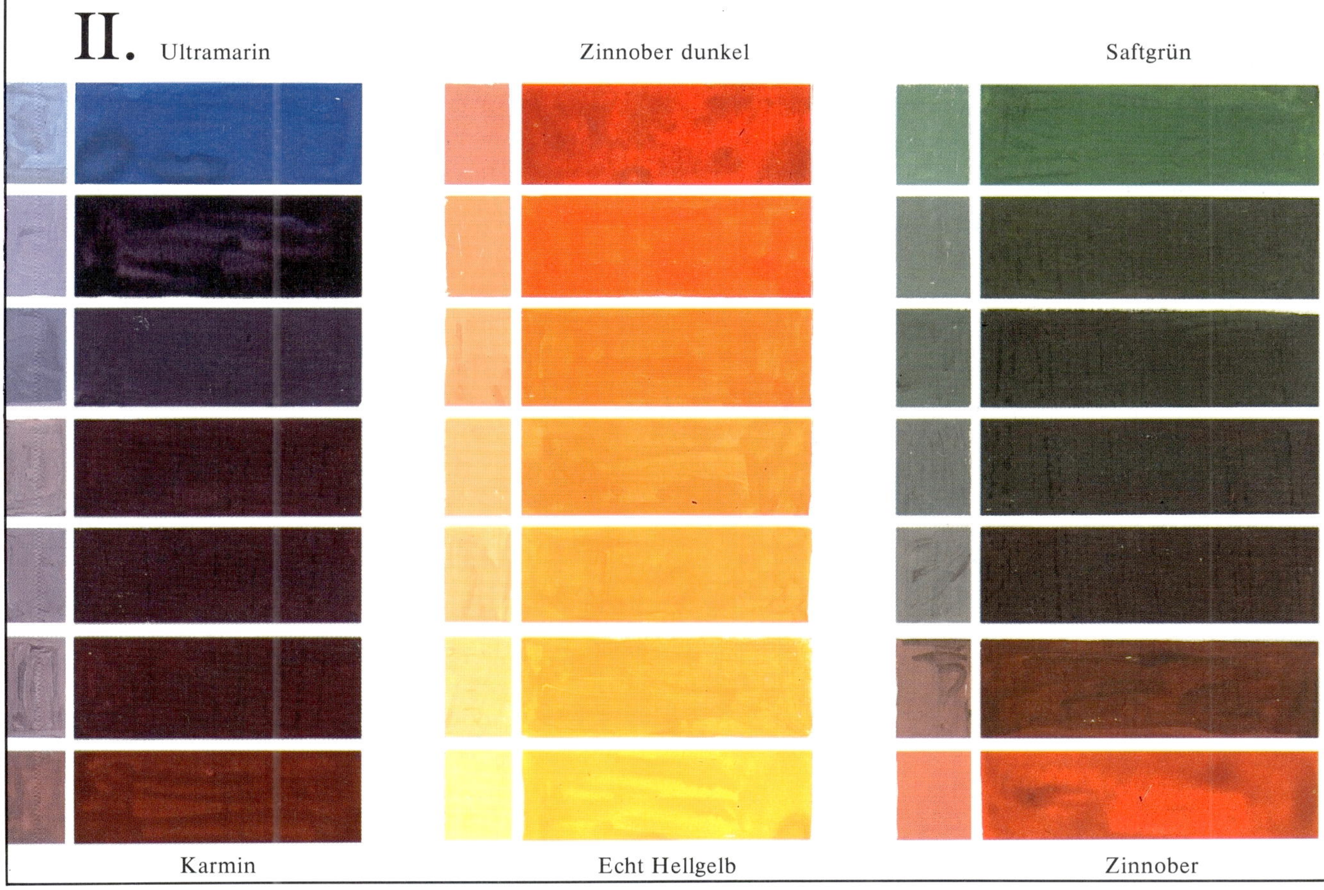
II.
Ultramarin
Zinnober dunkel
Saftgrün
Karmin
Echt Hellgelb
Zinnober

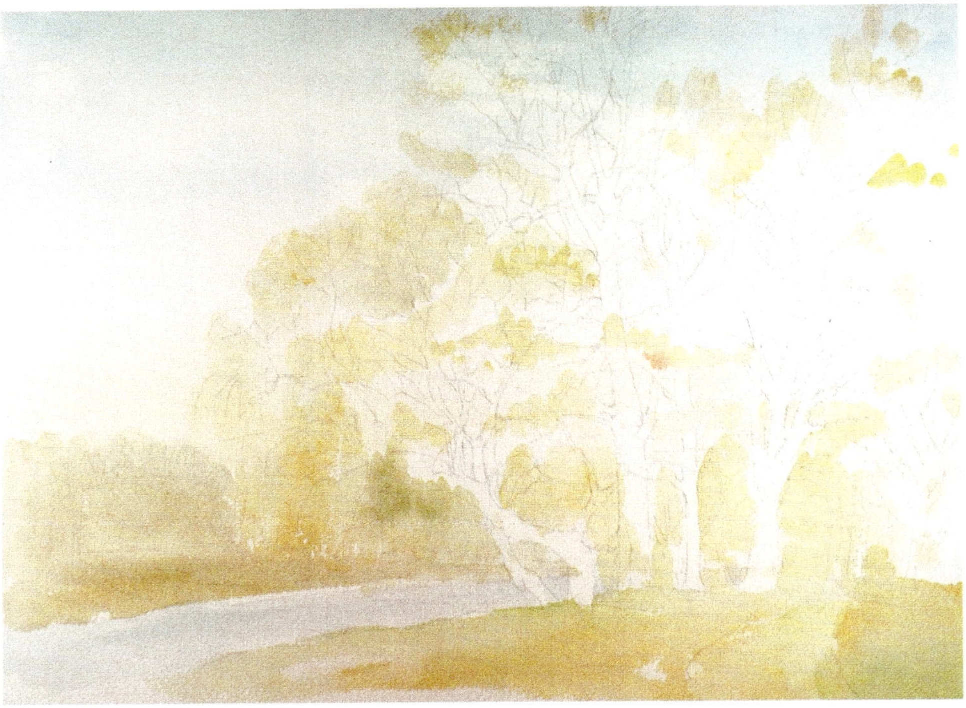

△1/2

Um das Mischen von Aquarellfarben an einem Bildbeispiel vorzustellen, habe ich eine Baumgruppe im Vorfrühling im Englischen Garten in München ausgewählt. Es ist kein leichtes Motiv, aber interessant, um das Mischen von Grün-Ocker-Tönen zu demonstrieren.

Schritt 1 und 2 Vorgezeichnet wurde mit einem HB-Bleistift, also mit einer ziemlich harten Mine. Ein weicher Stift würde später die zarte Aquarellfarbe verschmutzen und auch zu stark in Erscheinung treten, denn beim Aquarell darf eine gute Vorzeichnung sichtbar bleiben und muß nicht unbedingt ausradiert werden.
Als erstes wurde der Himmel mit stark verdünntem Coelinblau in die mit klarem Wasser angefeuchtete Fläche gemalt. Die weißen Wolken wurden ausgespart, also das weiße Papier stehengelassen. Dann habe ich den Stadtbach mit einem verdünnten Coelin-Hooker-Gemisch lasiert.
Das Laub der Trauerweide und der Erlengruppe bekam einen Hauch von Ocker, in das ich ganz wenig Saftgrün einfließen ließ. Die gleiche Farbkombination habe ich auch bei den Wiesen verwendet.
Der Weg ist in einer Mischung aus Ocker mit einem Tupfer Indigo angelegt.

Schritt 3 Nun kommt der schwierigste Teil unseres Bildes. In die duftig lasierten Töne der Wiesen, des Frühlinglaubes der Trauerweide und der anderen Bäume habe ich noch intensivere Farben gelegt.
Hinter das einzeln stehende Bäumchen (links im Bild) wurden Stämme (verdünntes Indigo) und mit einem Hauch von Gebrannter Siena ein bewaldetes Hangstück angedeutet.
Mit Geduld und Akribie habe ich als nächstes die Stämme und Äste der Baumgruppen gemalt. In die noch feuchte Farbe (Indigo, Englischrot und Caput mortuum) der Stämme ließ ich auf der Schattenseite einen dunkleren Ton einfließen. Die Buschgruppen hinter der Trauerweide habe ich in einer Mischung Hookersgrün mit Ocker angelegt, wobei die Zweige der Weide ausgespart wurden. Der linke Wegrand, der im Schatten liegt, bekam eine Betonung in Saftgrün, der Weg selbst eine ganz leichte Struktur in stark verdünntem Indigo.
Wo die Farbe zu intensiv oder zu naß aufgetragen wurde, kann man mit einem Papiertaschentuch abtupfen und so die Farbe „abbremsen". Zum Schluß habe ich noch etwas mehr Coelinblau in den Himmel und zwischen die Bäume gemalt.

Schritt 4 Um die Duftigkeit des Bildes zu erhalten, habe ich nur noch links oben die Stämme am Hang etwas verstärkt (Indigo mit Saftgrün) und in die grünen Büsche hinter der Trauerweide die Schattenseite in einem intensiveren Grünton gemalt und dabei darauf geachtet, daß die zarten Zweige der Weide ausgespart blieben.
Auf die Schattenseite der Stämme und größeren Äste der Laubbäume wurde noch mehr Dunkelheit gemalt und als letztes der Schlagschatten der Bäume in Indigo angelegt.

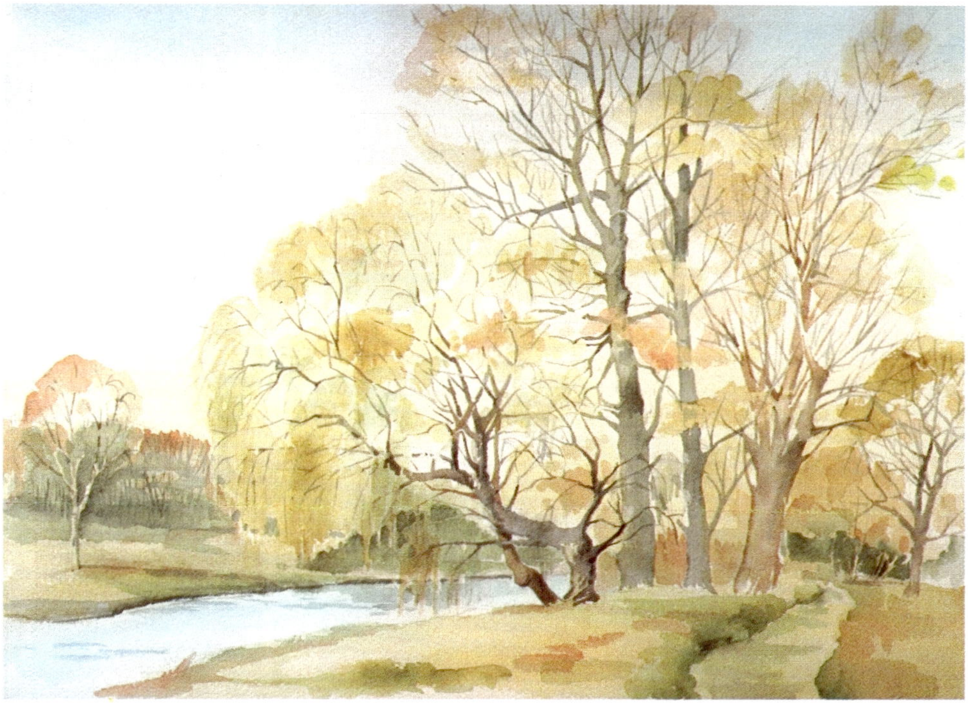

△3

▽4

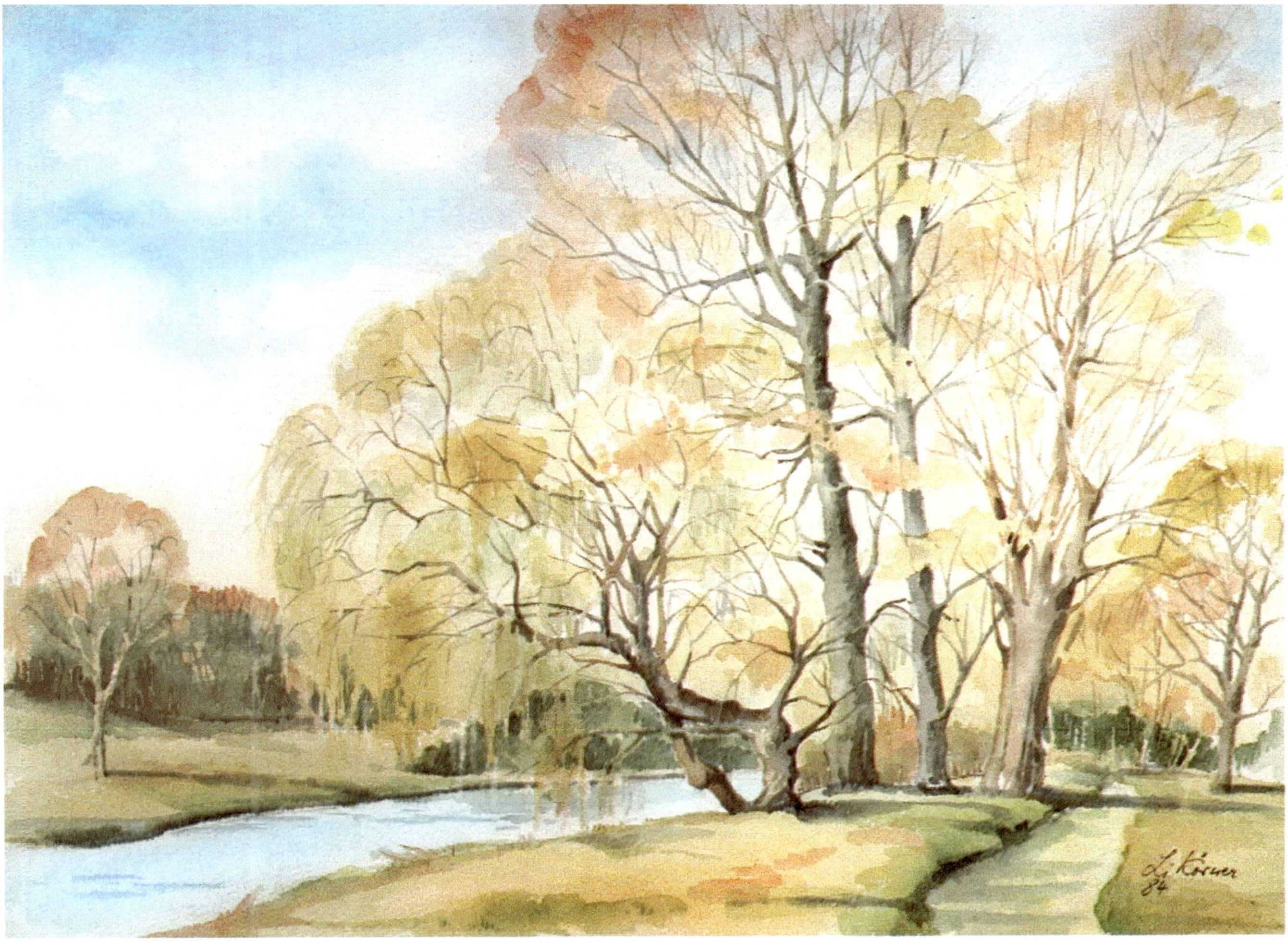

Dies ist ein verhältnismäßig leichtes Motiv mit den typischen Korbweiden an einem Bach; es ist mit wenigen Farben zu malen.

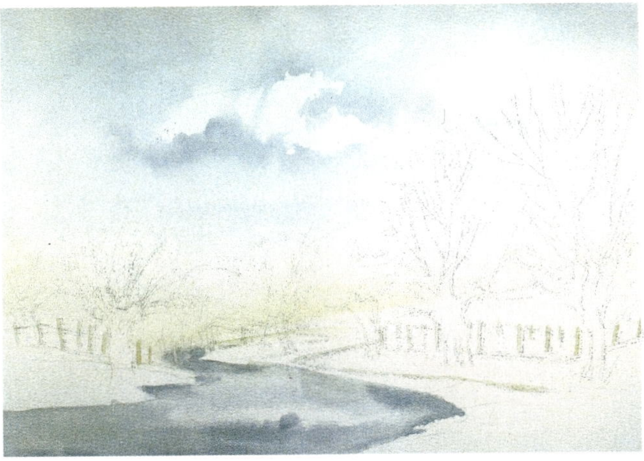

△1/2

Schritt 1 und 2 Nach der Bleistiftfixierung habe ich den Himmel am Horizont mit einem Hauch Ocker, übergehend zum Firmament mit Indigo und Coelinblau angelegt. Die Malfläche wurde vorher stark angefeuchtet, die Wolke ausgespart. Den Bach grundierte ich in einem Ton dunkler, also mit etwas mehr Indigo. Den Weg und die Zaunpfosten skizzierte ich mit verdünntem Ocker, gemischt mit Englischrot.

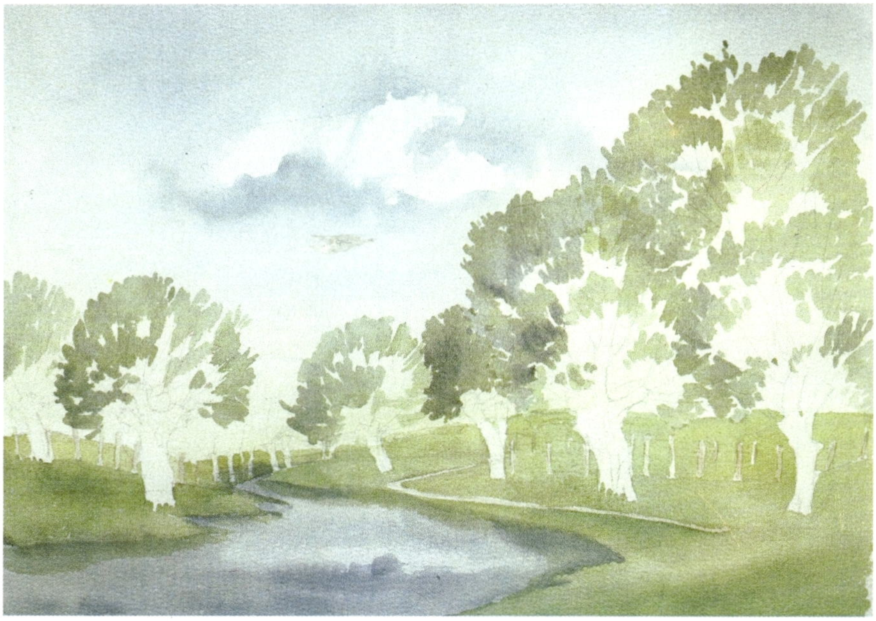

△3

Schritt 3 Als nächstes malte ich das spärliche Laub der Weiden, das einen fast bläulichen Schimmer hat, mit einer Mischung aus Ocker und Coelinblau; auf den Schattenseiten wurde gleich in die feuchte Farbe mehr Coelin mit ganz wenig Indigo gemalt. Die Wiesen legte ich in Ocker mit Saftgrün an, wobei ich schon während des Malens in der Farbmischung variierte. Baumstämme und Zaunpfosten wurden ausgespart.

▽4

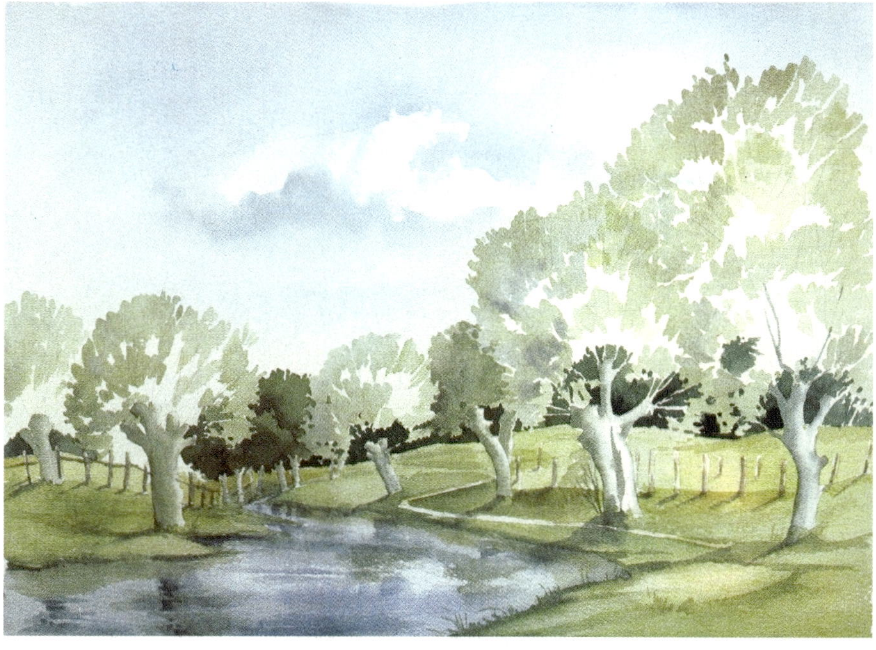

Schritt 4 Nun lasierte ich die Baumstämme mit einem feinen Grau (Indigo mit Ocker). Ich arbeitete wieder mit zwei Pinseln, indem ich in die Schattenseite links ziemlich viel Farbe legte, die ich mit dem nicht zu nassen Wasserpinsel nach rechts auswischte. Hinter Wiesen und Weiden malte ich in einem dunklen Grün (Echt Olivgrün mit Indigo) eine geschlossene Waldkette; Stämme, Laub und z. T. Zweige der Weiden wurden dabei ausgespart und somit in den Vordergrund gerückt. Dann legte ich noch mehr Farbe über die Wiesen und noch mal Spiegelungen in die Wasserfläche. Auch die Zaunpfähle wurden durch mehr Farbe betont und Schatten angedeutet.

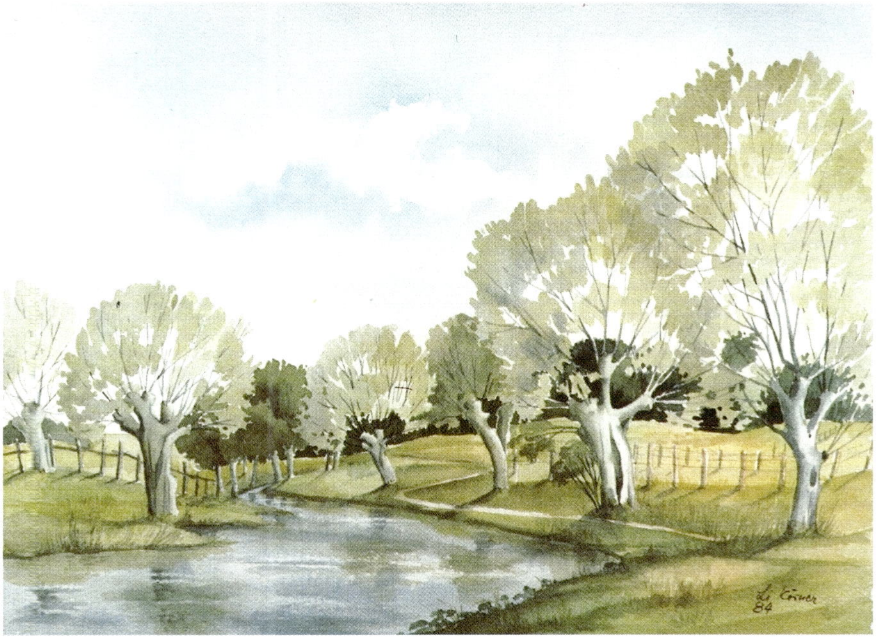

△5

Schritt 5 und 6 Zum Schluß noch etwas Dunkelheit und Struktur in die Baumstämme und mit Sorgfalt die Zweige mit Indigo und Caput mortuum ausgeführt – und noch ein paar Pflanzeneffekte in das Wiesenstück im rechten Bildvordergrund gemalt.

▽6

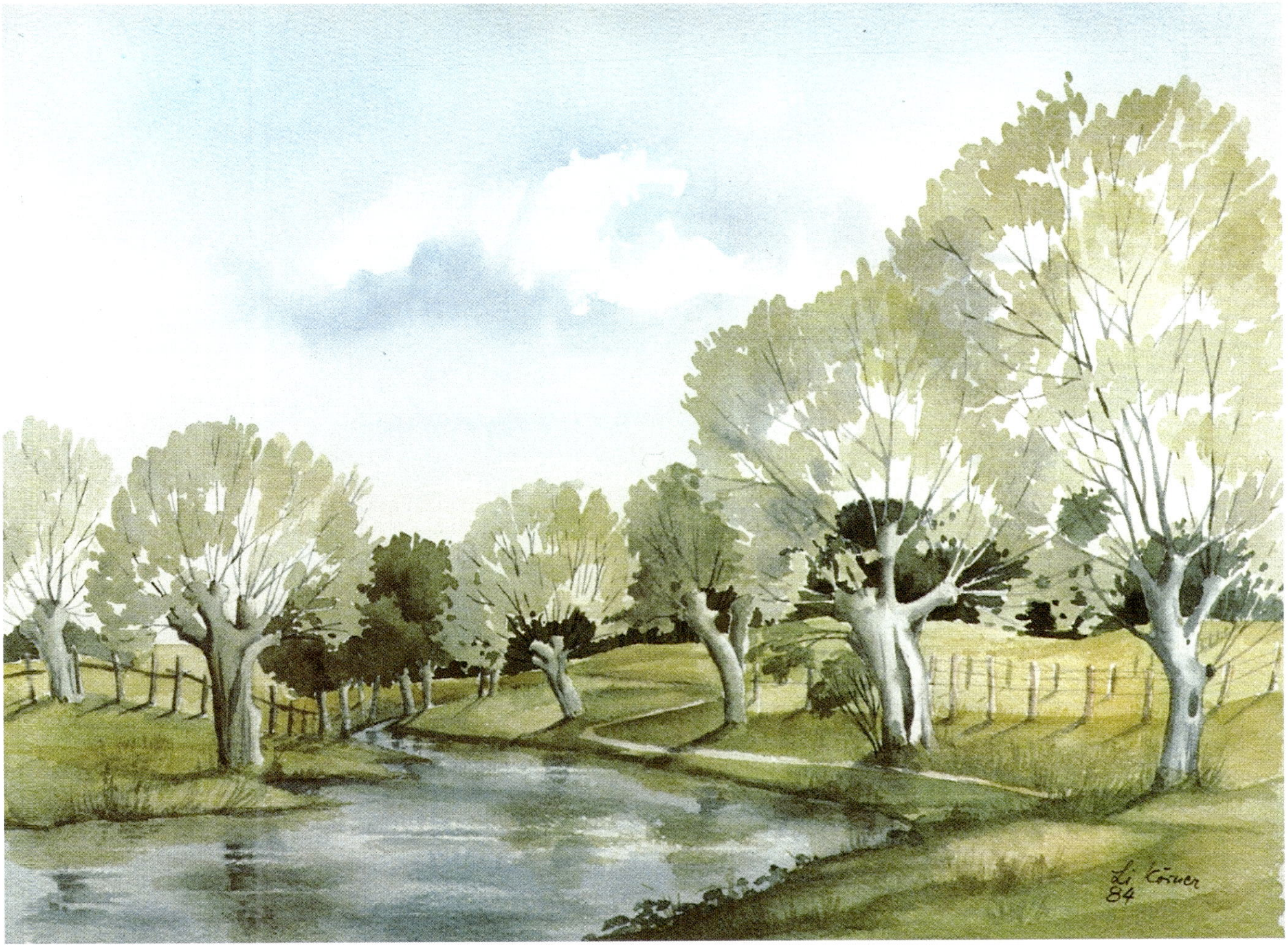

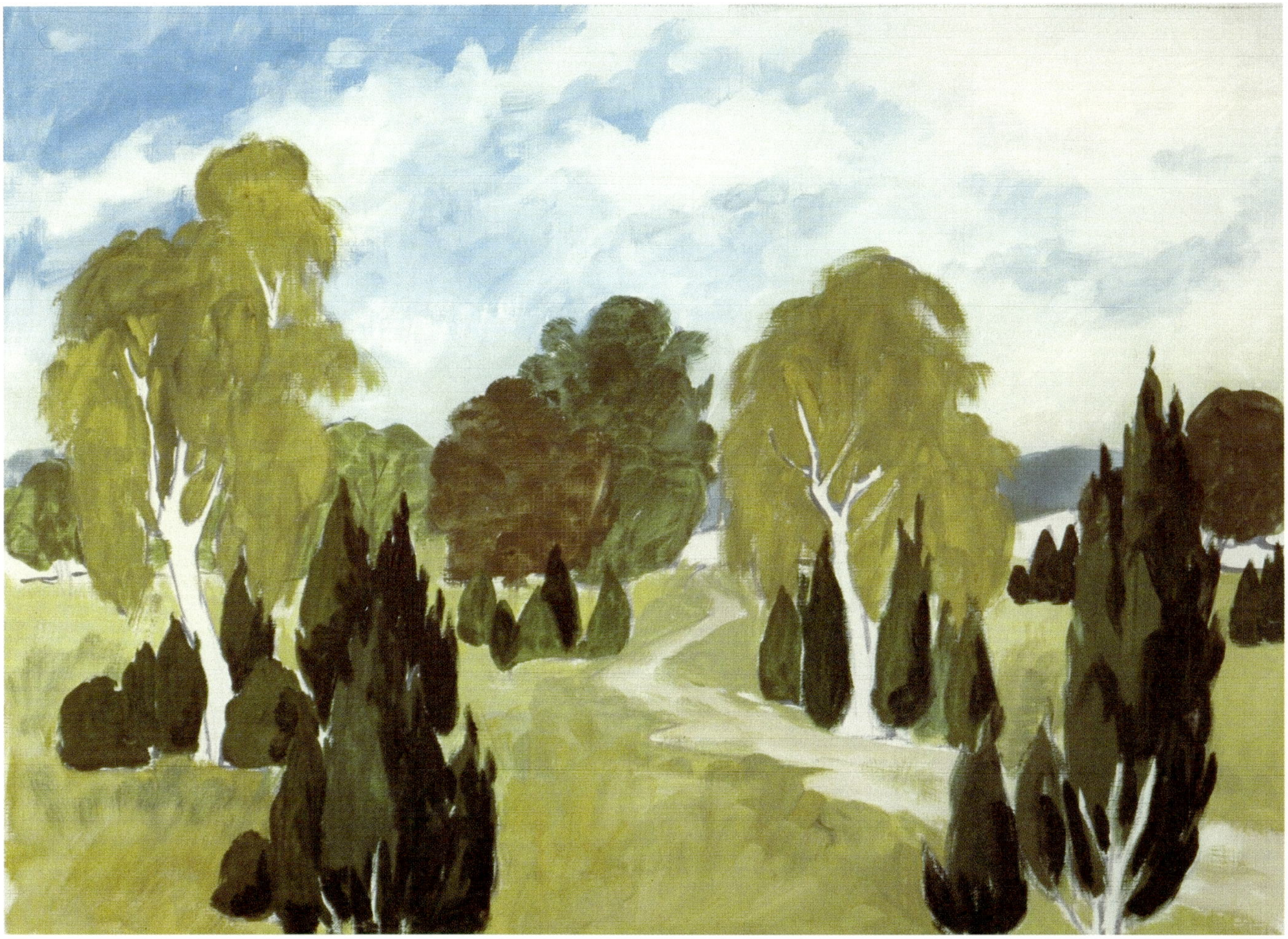

△1/2

Ich fange die Temperabeispiele mit einem verhältnismäßig einfachen Motiv an. Wichtig war dabei, den Gegensatz zwischen den leicht und duftig wirkenden Birken und den dunklen, fast streng wirkenden Wacholdersträuchern zu zeigen. Die harmonische Verbindung bringen der Weg, die Wiesen und vor allem die purpurfarbenen Heideflächen in ihrer vielschichtigen Farbigkeit.

Schritt 1 und 2 Mit verdünntem Grau habe ich die Vorzeichnung flott auf einem weiß grundierten Karton angelegt. Für diese Vorzeichnung und die weiße Grundierung benutzt man Farben, die sich zwar mit Wasser vermischen und verdünnen lassen, später aber, wenn sie getrocknet sind, nicht mehr wasserlöslich sind: also Plaka- oder Dispersionsfarben.
Dann wurde der Himmel mit einer Coelin-Ultramarin-Weiß-Mischung gemalt, die Wolken „pastos", das heißt mit dicker weißer Farbe, aufgetragen. Die Übergänge wurden mit fast trockenem Pinsel erzielt. Der Weg wurde mit einer Mischung von Ocker und Weiß gemalt, die Wiesen mit Ocker plus Weiß und Grün. Die gleichen Farben wurden, etwas intensiver, beim Laub der Birken verwendet. Die Bäume im Hintergrund sind ganz flächig in differenzierten Grüntönen angelegt. Als letztes habe ich die Wacholderbüsche in starkem Grün gemalt (Saftgrün mit Indigo), wobei gleich in die noch feuchte Farbe die dunklen Schatten gesetzt wurden.

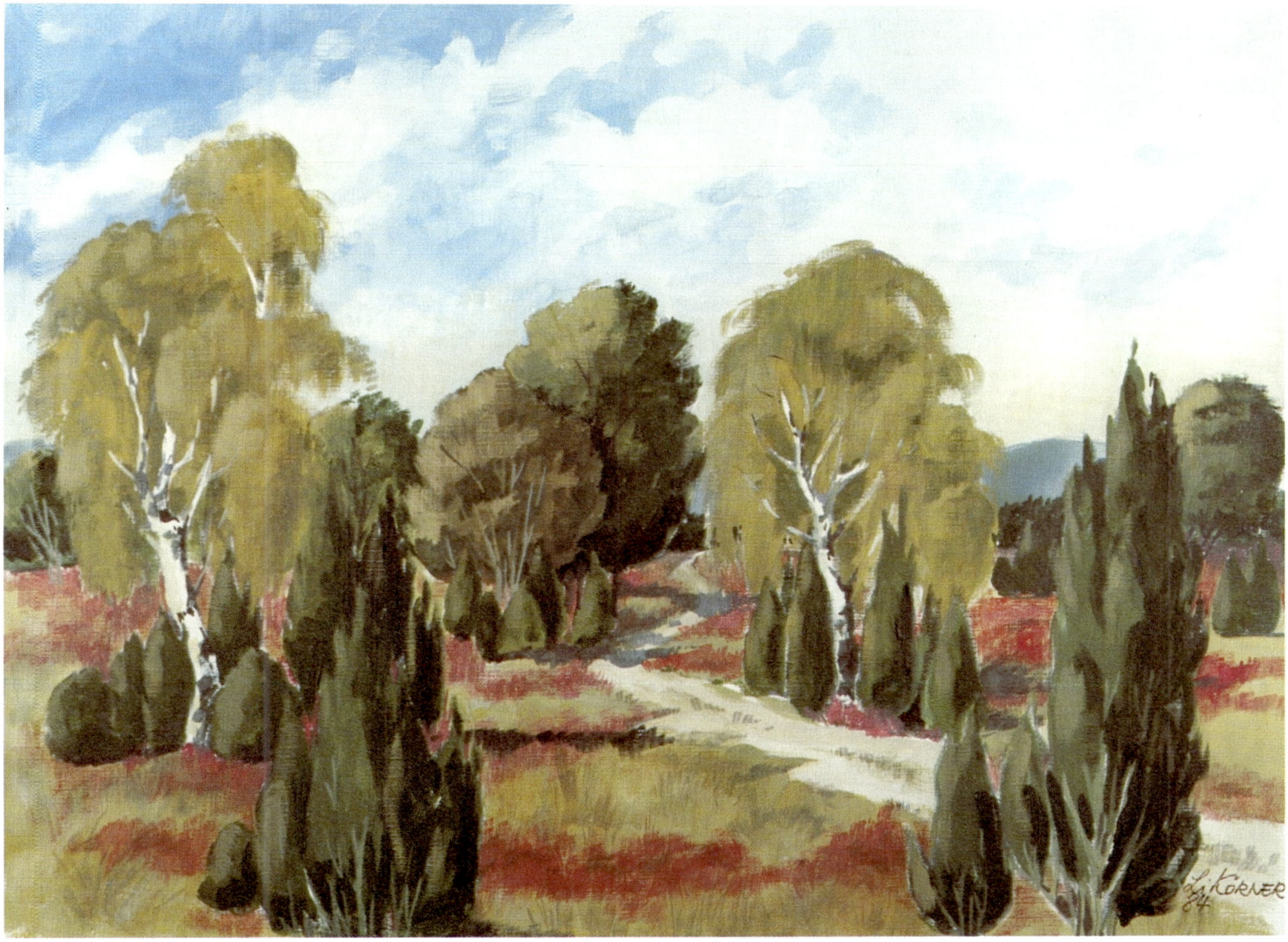

△3

Schritt 3 Jetzt habe ich die Heideflächen ins Bild gemalt (Echt Rosa/Weiß und etwas Ocker), dann die Laubbäume, bei denen ich helles Grün (Ocker/Saftgrün/Weiß) in die sonnenbeschienenen Seiten und auf die Schattenseiten und die untere Basis dunkles, sattes Grün (Saftgrün mit Indigo) malte. Dann malte ich die Stämme und Äste aus einem Gemisch Indigo und Caput mortuum, die Schlagschatten setzte ich mit Indigo ins Bild. Zum Schluß noch ein paar dunkle und helle Effekte in die Heideflächen (Karmin mit Purpur und Indigo und Karmin mit Purpur und Weiß) und auch in die Wiesen noch ein wenig mehr Farbe.

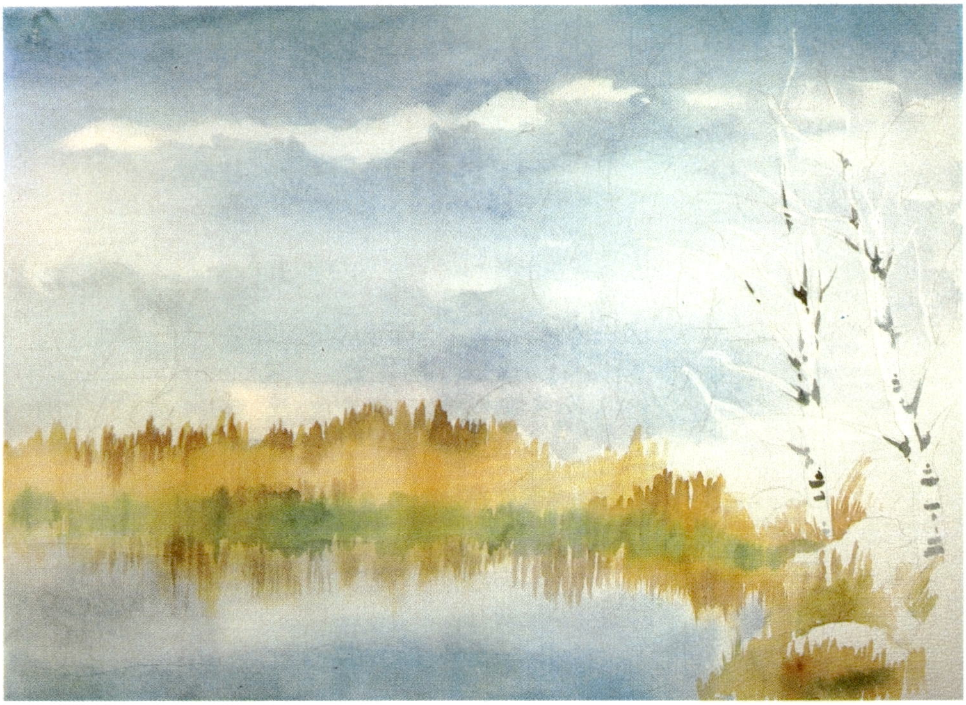

◁1/2

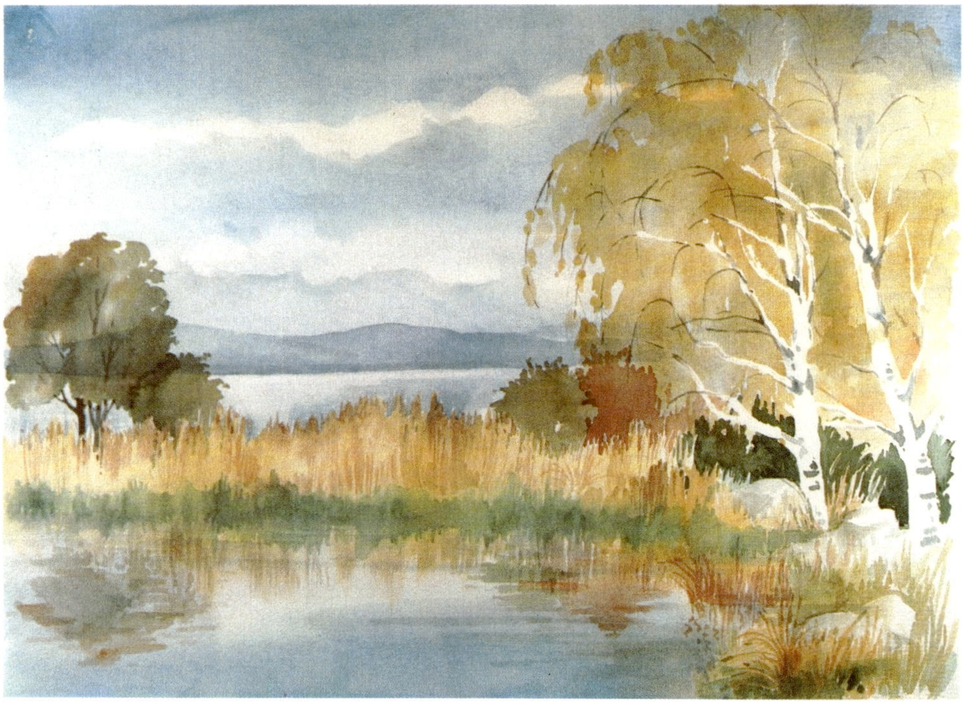

◁3

Schritt 1 und 2 Nach der Bleistiftvorzeichnung, bei der ich nur die wichtigsten Details erfaßt habe, wurde der Schilfstreifen mit einem breiten Pinsel gut mit Wasser angefeuchtet und mit verdünntem Ocker das Schilf in die nasse Fläche gemalt. In den oberen und unteren Bereich ließ ich mit einer Mischung aus Englischrot und Caput mortuum Dunkelheiten einfließen. Dann habe ich in den Schilfstreifen von links nach rechts Heliogengrün in die noch feuchte Farbe gemalt.

Der Himmel wurde von oben nach unten mit verdünntem Coelinblau in die vorher naßgemachte Fläche gemalt. Das Blau des Himmels ließ ich bis an den Schilfrand laufen, da ja auch Wasser und Hügelkette die blaue Grundfarbe haben, die weißen Wolken wurden ausgespart.
Auch das Wasser im Vordergrund wurde mit Coelinblau lasiert, wobei ich hier etwas Violett einfließen ließ.

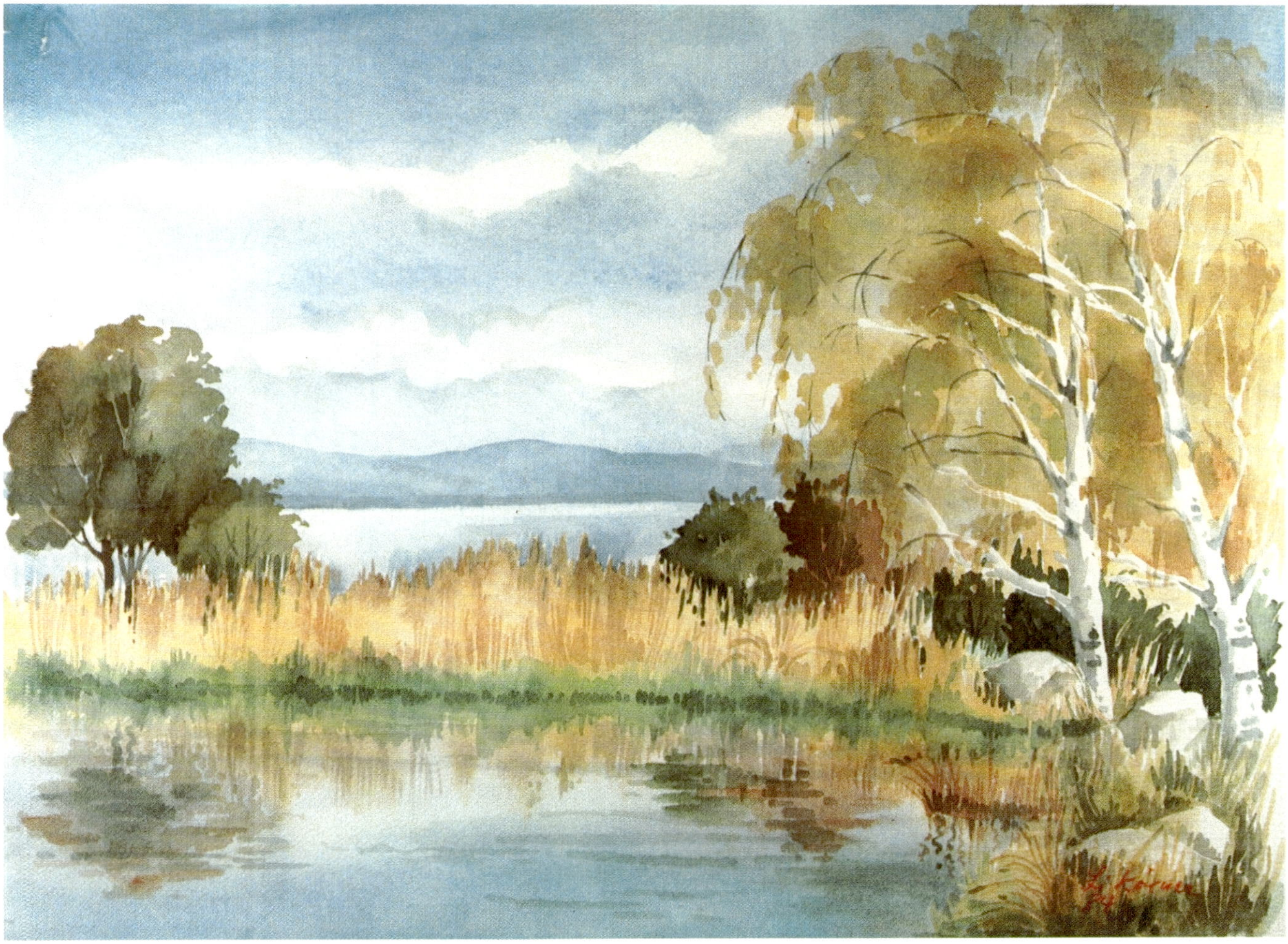

△4

Schritt 3 Als nächstes habe ich die Hügelkette hinter dem See mit einem verdünnten Gemisch aus Coelin und Indigo über den Himmel gemalt und oberhalb des Schilfes noch etwas Farbe über die Wasserfläche gelegt. Die Spitzen des Schilfes wurden „ummalt", das heißt ausgespart. Auch im Wasser des Vordergrunds wurde die Farbe verstärkt, unten stärker als oben.
Die großen Steine im rechten Bildteil bekamen auf der Schattenseite eine leichte Grundierung (Ocker mit Indigo). Dann wurde das Laub der Birken mit verdünntem Ocker gemalt, Stämme und Äste wurden dabei ausgespart. In diese Laubflächen ließ ich etwas Hookersgrün einfließen. Als letztes wurden der Baum und die Büsche hinter dem Schilf flächig angelegt (Olivgrün mit Hookersgrün und Englischrot) und in die Stämme der Birke die dunklen Flecken gemalt. In das Birkenlaub habe ich noch dünne Zweige mit Indigo und Caput mortuum mit dem Pinsel gezeichnet.

Schritt 4 Die Schattenseiten im Laub des Baumes im Bild links und der Büsche wurden mit dunklerer Farbe hervorgehoben, die Stämme und Äste dabei zum Teil ausgespart. Ebenso die Spiegelung mit der gleichen Farbe verstärkt. Auch den Grünstreifen im Schilf habe ich mit Grün und Indigo verstärkt und als nächstes die Schattenseite der Steine und der Birkenstämme mit verdünntem Indigo betont.
Dann bekam auch das Birkenlaub noch intensivere Farbe, die ich auch noch über einige der weißen Stämme und Äste gemalt habe (Ocker mit Englischrot und Saftgrün).

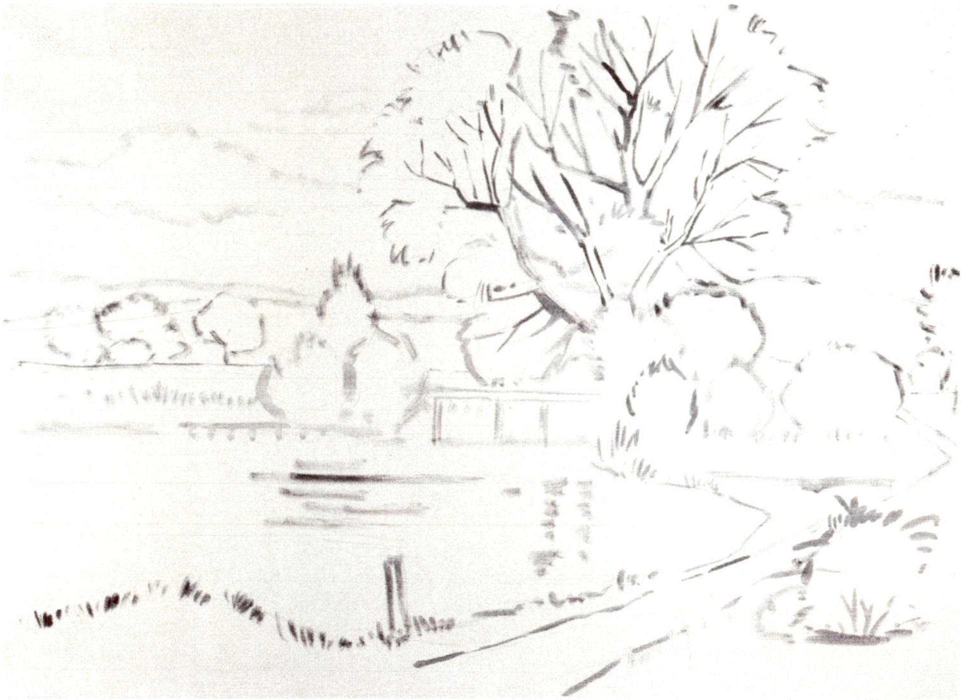

◁1/2

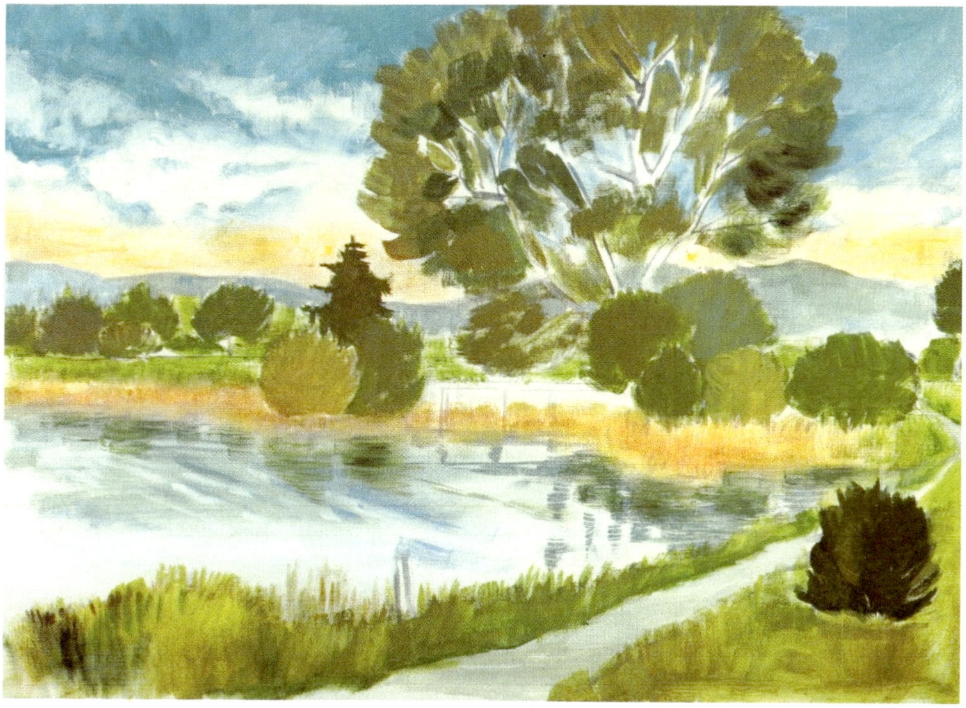

◁3

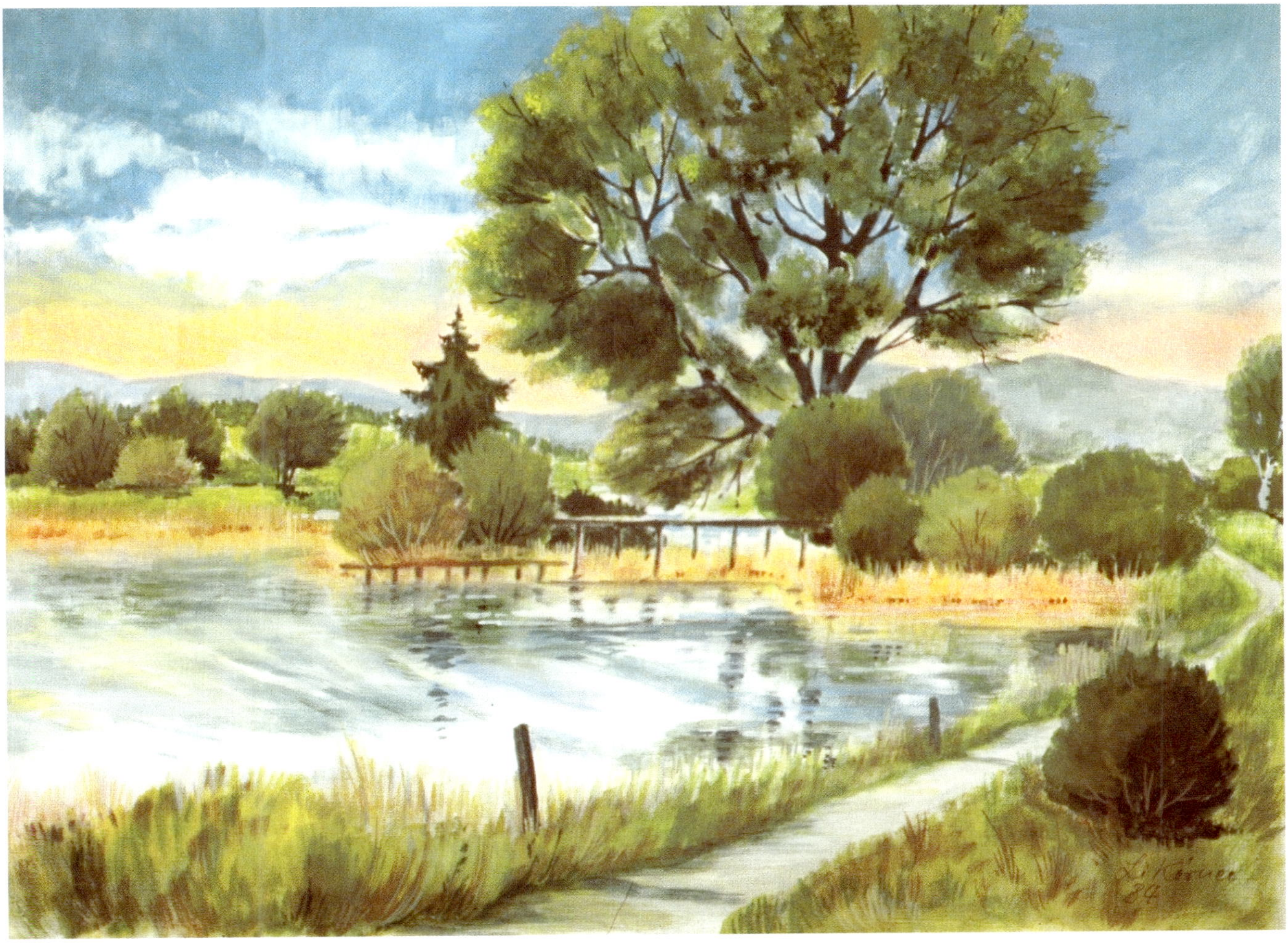

△4

Schritt 1 und 2 Nach der skizzenhaften Vorzeichnung mit verdünnter grauer Plakafarbe wurden Himmel, Wiesen, Wasser und Bäume in ihrer Grundfarbe flächig angelegt. Der Himmel: mit Coelin und Weiß und am Hang etwas Ocker. Die Wiesen: mit einem Ocker-Grün-Gemisch. Das Wasser: mit Weiß, Coelin und Indigo.
Die Büsche und Bäume wurden mit verschiedenen Grüntönen gemalt, ebenso deren Spiegelungen im Wasser. Hier wurde mit fast trockenem Pinsel in waagerechter Strichführung gemalt.
Der Weg wurde in einer Mischung aus Weiß, Ocker und Indigo grundiert, die Schilfpartie in Ocker, wobei auch dabei mit ganz wenig Farbe gemalt wurde.

Schritt 3 Nun habe ich den Himmel noch mal überarbeitet, die Übergänge mit einem Borstenpinsel mit ganz wenig Wasser etwas weicher zusammengewischt. In die Baumkronen Helligkeit in einer Mischung aus Ocker und Grün gegeben und Dunkelheiten in Indigo und Grün gemalt, ebenso die Spiegelungen im Wasser. Das Gras auf den beiden Wegseiten etwas differenzierter überarbeitet (Englischrot, Ocker, Weiß und Saftgrün) und das Schilf ebenfalls mit Ocker deutlicher gemacht. Als letztes wurden die Stege und ihre Spiegelung in Englischrot und Indigo eingesetzt.

Schritt 4 Nun wurden noch einmal wenige Details im Vordergrund im Himmel und Wasser betont und zum Schluß Stämme und Äste teils mit dunkler Farbe (Indigo und Caput mortuum) oder mit Hellocker in die Bäume gemalt.

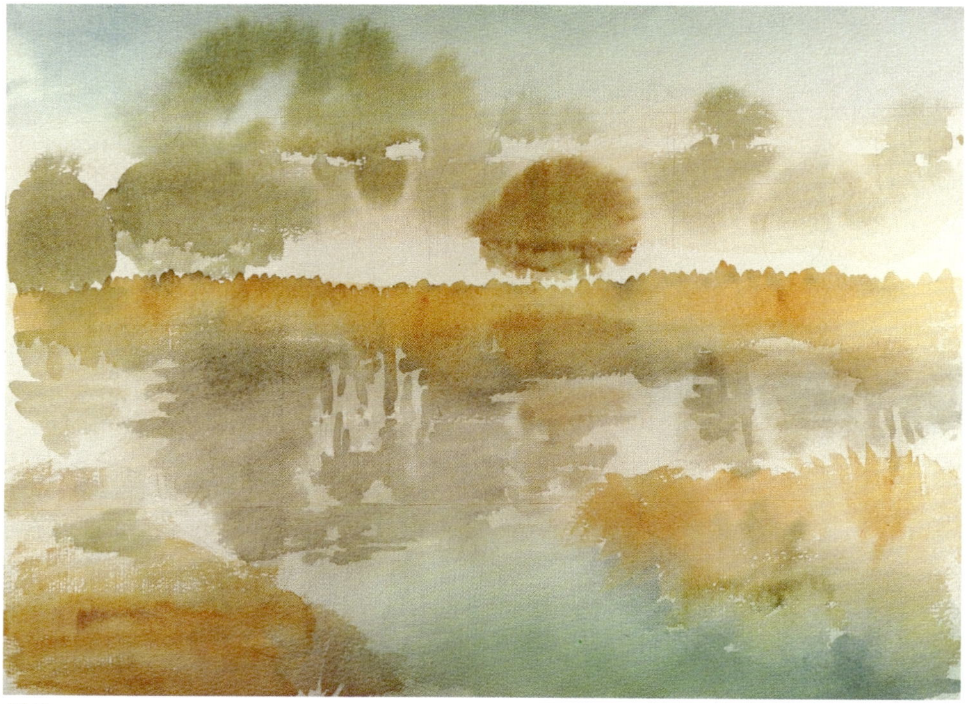

△1/2

Schritt 1 und 2 Nach der skizzenhaften Bleistiftvorzeichnung habe ich das ganze Bild mit einem weichen Schwamm naß gemacht. Als erstes wurde mit verdünntem Coelin der Himmel angedeutet und aus einer Mischung Coelin/Hookersgrün das Wasser von unten nach oben zart angelegt. Bäume und Büsche sowie Schilf und Vordergrund ließ ich in Hookersgrün, Ocker und Englischrot einlaufen. Die Spiegelung im Wasser ist in einer Mischung aus Ocker und Indigo gemalt.

▽3

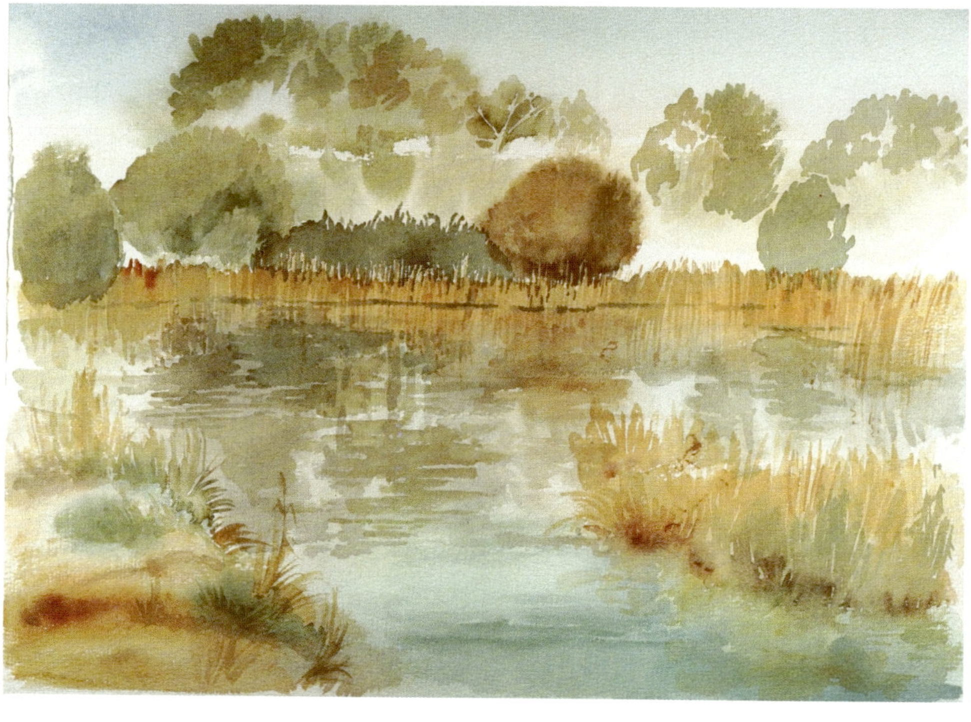

Schritt 3 Das Schilf wurde in Ocker gemalt; zum Teil habe ich in die feuchte Farbe Englischrot und etwas Caput mortuum einlaufen lassen. Dann habe ich das Laub der Bäume im Hintergrund intensiver angelegt (verdünntes Hookersgrün und Englischrot), ebenso die Spiegelungen im Wasser. Auch in die Vordergründe habe ich mehr Details gemalt und hinter das inzwischen trockene Schilf noch eine Buschreihe gemalt, wobei die Schilfspitzen ausgespart wurden.

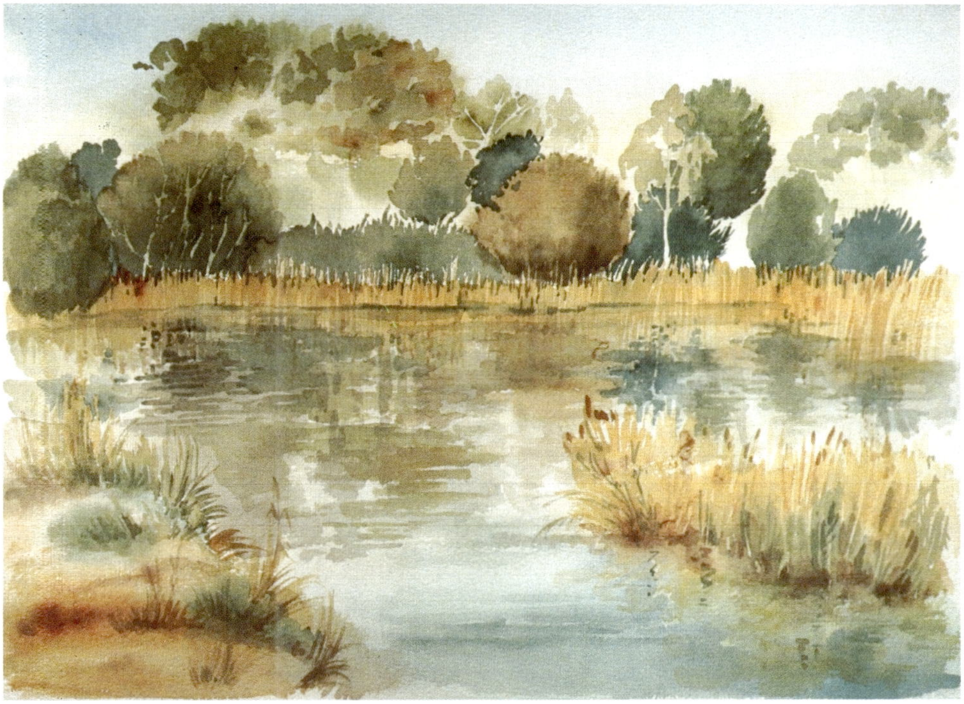

△4

Schritt 4 Über den Himmel hinter den Baumgruppen habe ich noch einen Hauch Ocker, über die Laubgruppen und Büsche dunklere Farbe gelegt. Dann habe ich noch einige Weiden in einem blaustichigen Grün (Saftgrün/Coelinblau) gemalt und die Spiegelungen im Wasser in den gleichen Farben unter die jeweiligen Bäume und Sträucher gesetzt. Die beiden Vordergrundpartien wurden in der Farbe verstärkt.

Schritt 5 Nun muß man noch die Stämme und Äste malen. Sie wurden mit einer Indigo-Caput mortuum-Mischung liebevoll gemalt, ebenso die Spiegelung. Noch etwas Dunkelheit in die Buschpartien und dies etwas schwierige Bild ist fertig.

▽5

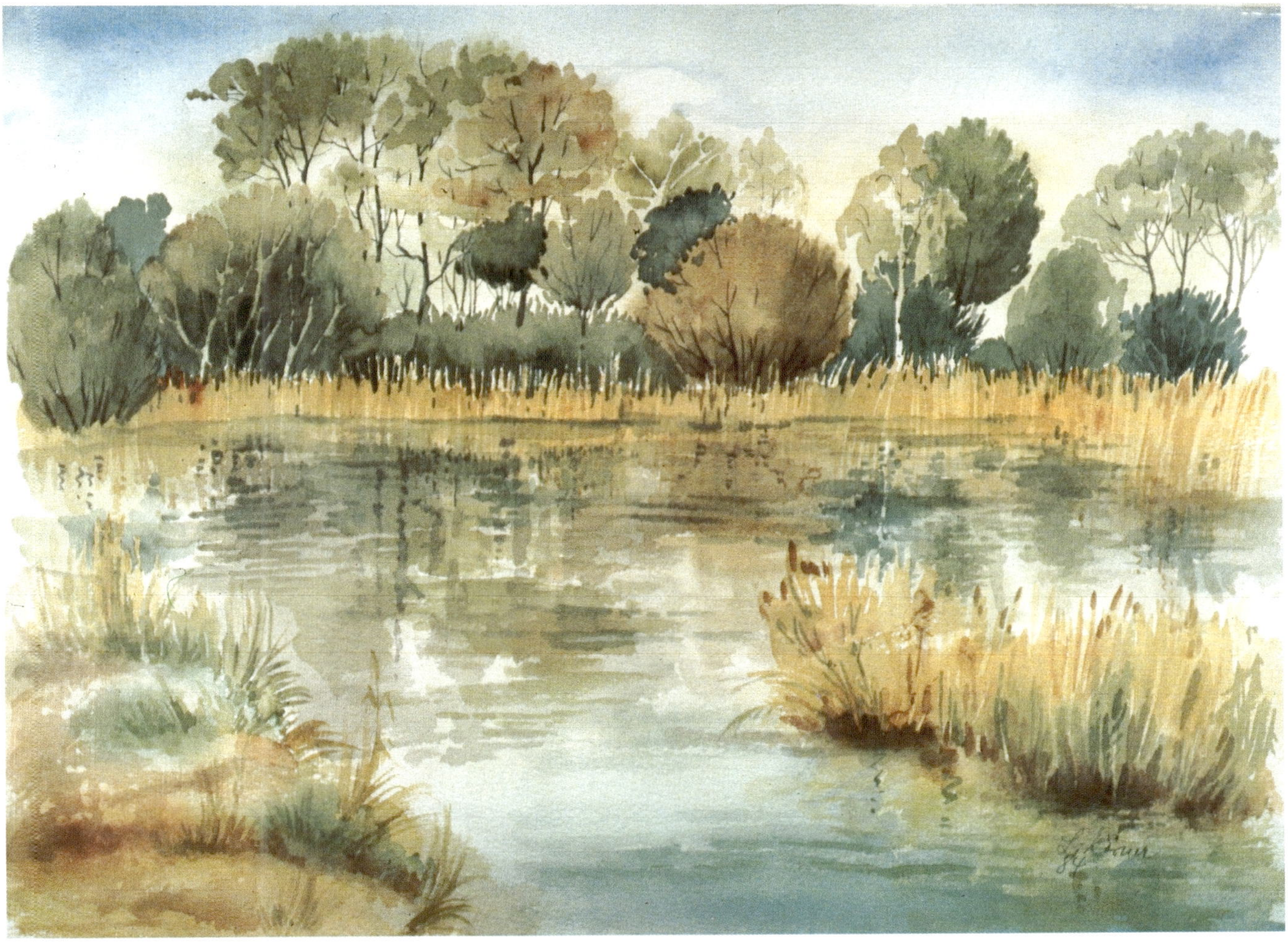

Bei diesem heiteren Bild einer Sommerwiese im Voralpenland kommt es auf die Darstellung der locker verteilten Busch- und Baumgruppen und der bewaldeten Hänge im Hintergrund an.

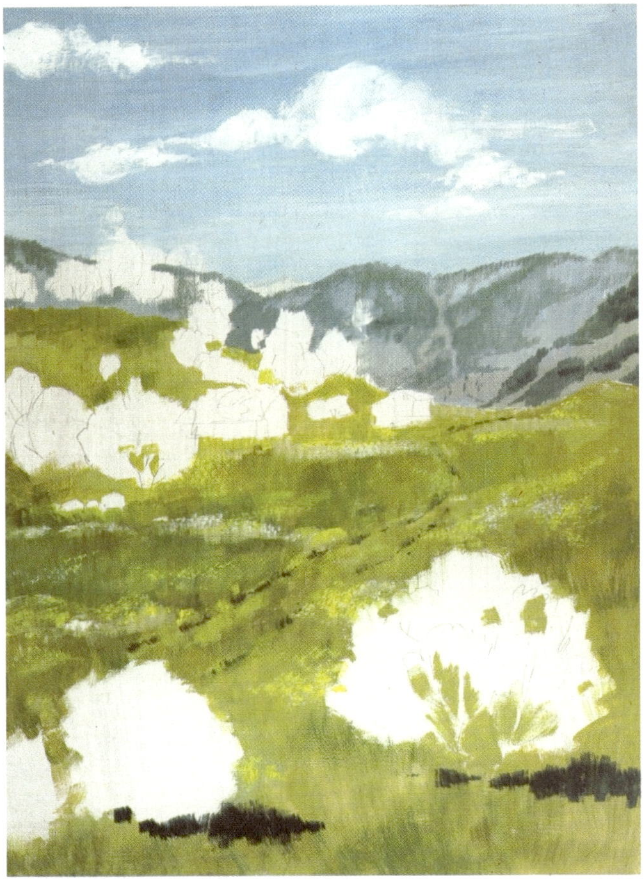

△1/2

Schritt 1 und 2 Dieses Temperabild habe ich nur mit einem Bleistift B vorgezeichnet und dann gleich den Himmel mit Coelinblau, dem ich viel Deckweiß zugemischt habe, angelegt. Je näher dem Berghang am Firmament, desto mehr Weiß kommt zum Blau. Als nächstes malte ich die Wiesenflächen in vielen Grünvariationen (Olivgrün, Hookersgrün, Saftgrün, Ocker und etwas Weiß). In die noch feuchte Farbe wurden im Vordergrund mit fast trockenem Borstenpinsel mit Ocker und hellem Grün Grasbüschel angedeutet. Die Bäume, Büsche und die beiden Hütten ummalte ich, damit ich sie unter der deckenden Farbe noch erkennen kann.
Darauf grundierte ich den Berghang im Hintergrund in einer Mischung aus Hookersgrün, Indigo und viel Weiß und malte in die noch feuchte Farbe die Waldflächen mit etwas intensiveren Tönen (mehr Indigo). Unter den Büschen im Vordergrund deutete ich noch Schatten in Indigo an, und dem nach oben führenden Weg gab ich noch ein paar Begrenzungsschatten in dunklem Grün.

▽3

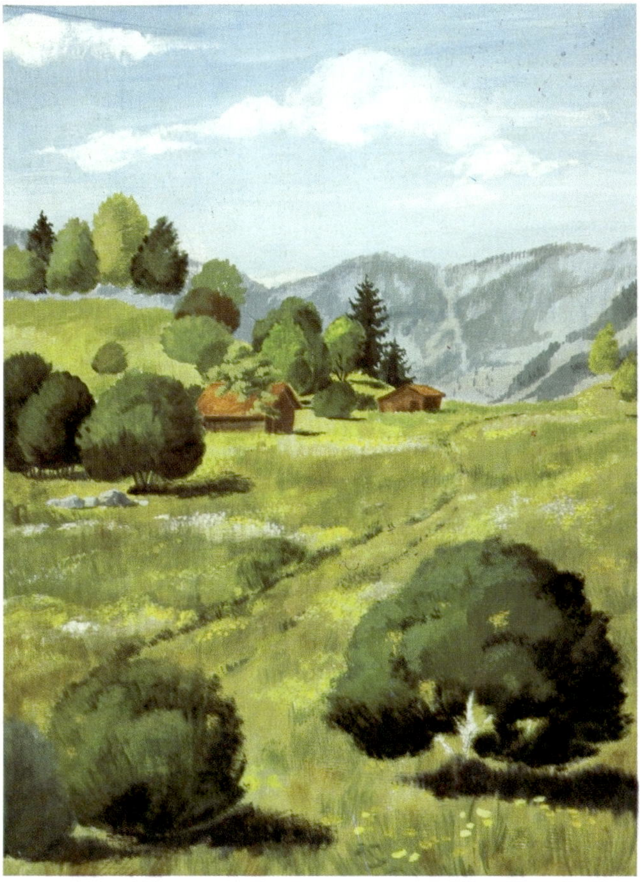

Schritt 3 Jetzt wurden Baumkronen und Sträucher in verschiedenen Grüntönen ins Bild gesetzt (Hookersgrün, Ocker, zum Teil mit Englischrot vermischt). In die feuchte Farbe malte ich gleich die Schattenseiten (Saftgrün mit Indigo) und in die sonnenbeschienenen Partien helle Effekte (Ocker, Echt Hellgelb, zum Teil sogar noch mit etwas Weiß vermischt.
Die beiden Hütten habe ich in einer Mischung aus Englischrot und Indigo, deren Dächer in Englischrot angelegt. In die Wiese malte ich wieder mit fast trockenem Borstenpinsel weitere Grasbüschel in Ocker und Ocker mit Hookersgrün. Einige Tupfer Gelb und Weiß habe ich als Blumen in die Wiese verstreut. Mit dem Stupfpinsel habe ich mit ganz wenig Farbe Blumenflächen in Gelb und Weiß eingetupft.

Schritt 4 Als letzter Arbeitsgang wurden Stämme, Äste und auch noch fehlende Schlagschatten mit Indigo ins Bild gemalt. Den beiden Birken im rechten Hintergrund gab ich weiße Stämme. Auch die Wiese bekam noch einige weiße Farbtupfer.

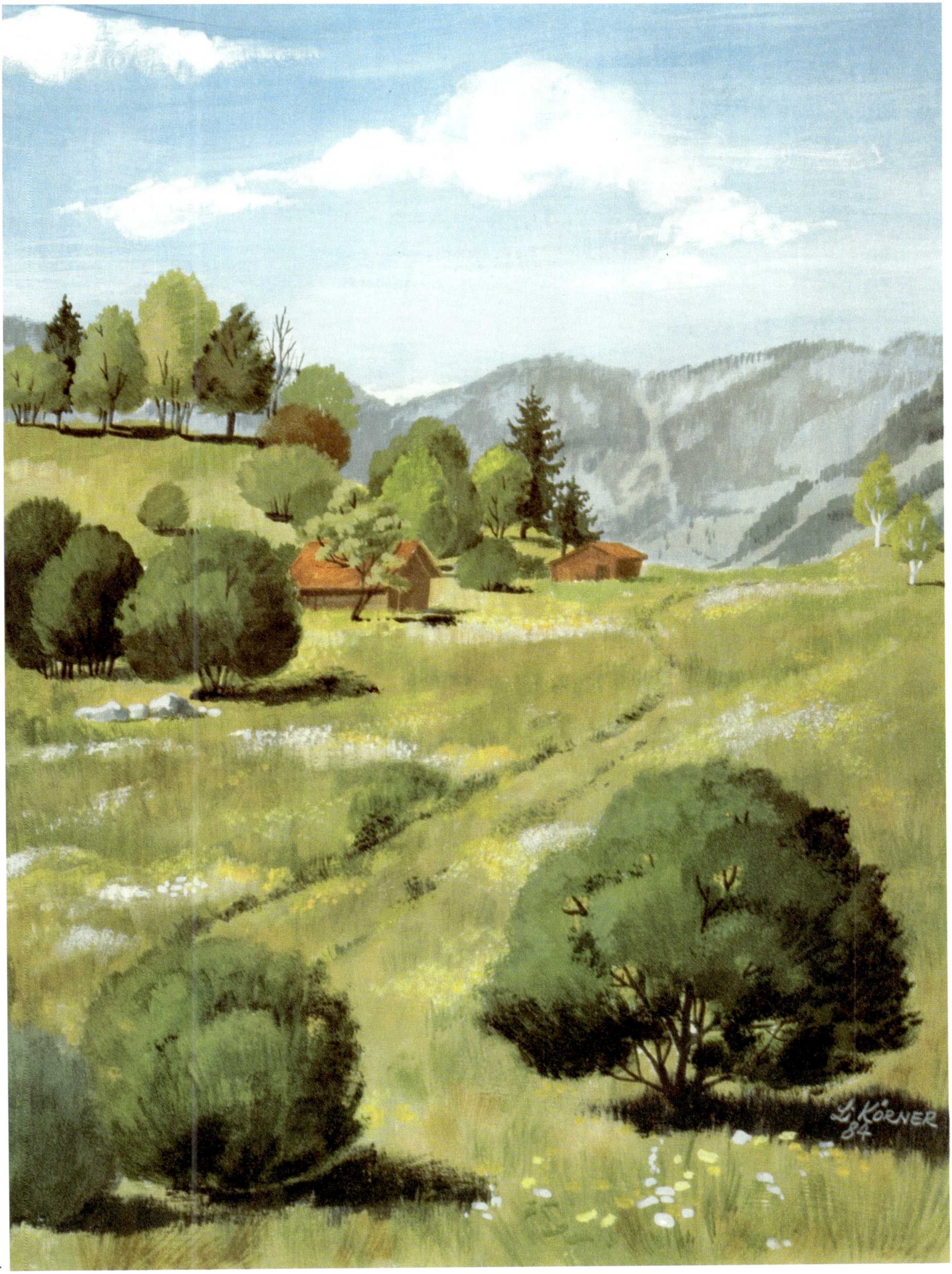

4▷

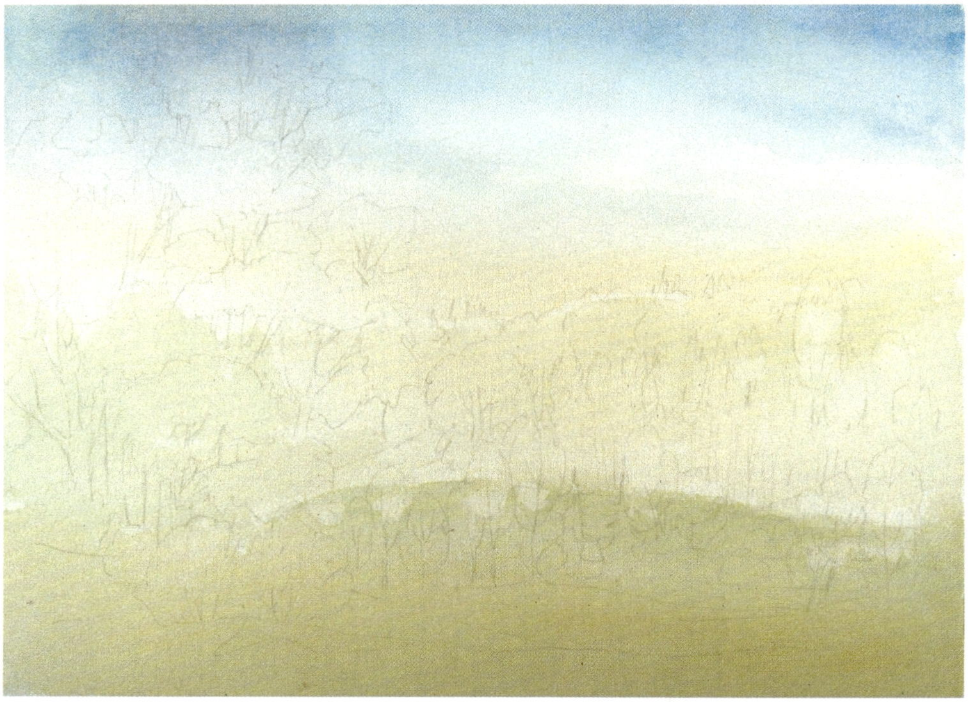

△1/2

Schritt 1 und 2 Nach einer leichten Bleistiftzeichnung wurde in die nasse Fläche mit verdünntem Coelinblau der Himmel von oben nach unten und von links nach rechts gemalt, die querlaufende weiße Wolke dabei ausgespart. Oberhalb des Waldrandes ließ ich einen Hauch Ocker einlaufen.
Der Berghang wurde in stark verdünntem Hookersgrün und Ocker lasiert, wobei einzelne Bäume mit einem Papiertaschentuch abgetupft wurden. Dann malte ich die Wiesenstreifen in ungemischtem, aber stark verdünntem Hookersgrün, in das ich vom unteren Bildrand nach oben verdünnt Ocker einlaufen ließ, denn das Grün in einer Landschaft wird zum Betrachter hin immer „wärmer", das heißt gelblicher.

▽3

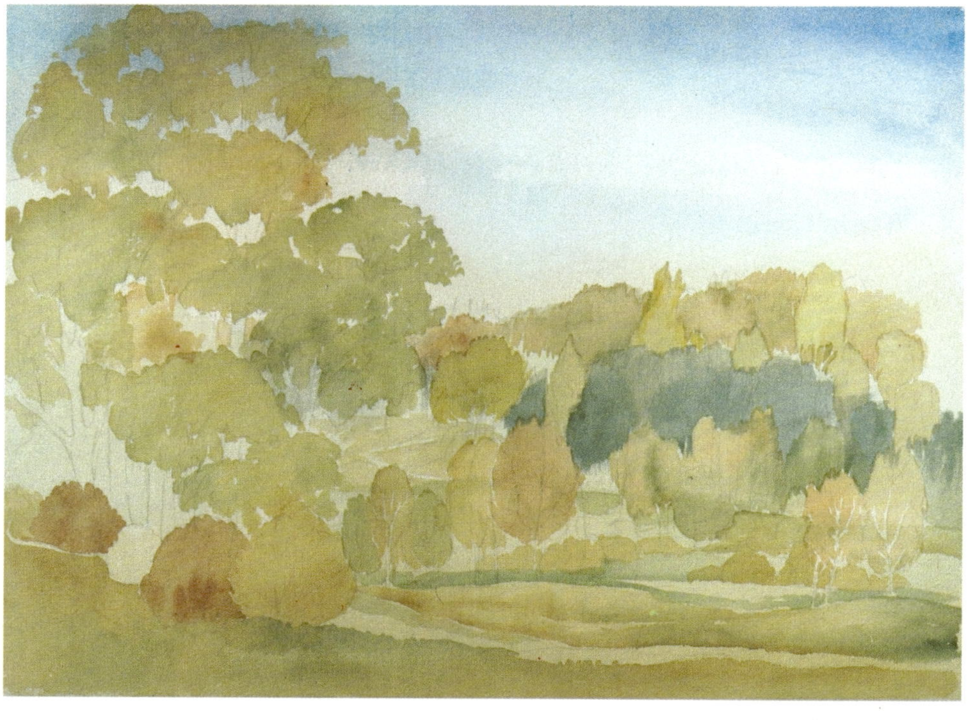

Schritt 3 Die Baumketten im Hang wurden (von oben nach unten) in folgenden verdünnten Farben gemalt: Ocker mit Englischrot, Heliogengrün, Ocker mit Hookersgrün. Die Bäume im Mittelteil des Bildes wurden in Ocker mit Englischrot und Hookersgrün, die Büsche in Ocker gemalt. Die Sträucher im Vordergrund in Ocker und Ocker mit Englischrot. Die Laubbündel der Baumgruppe links im Bild wurden in Hookersgrün mit Ocker und unvermischtem Hookersgrün angelegt, wobei ich Englischrot in die nasse Farbe einfließen ließ.
In den Wiesen im Mittel- und Vordergrund wurden die Farben verstärkt.

Schritt 4 Jetzt brachte ich noch etwas mehr Coelinblau in den Himmel und dann dunkle Effekte in den bewaldeten Hang, der Reihe nach von oben nach unten. Erst die Buchen in Englischrot an deren unterem Rand, wobei die tiefer liegende Baumreihe hervorgehoben wurde,

Hier reizte es mich, die Vielfalt der Farben eines herbstlichen Waldhanges zu malen. Es sind die verschiedenartigsten Bäume in ihrem Herbstlaub und dazwischen die dunkelgrünen Nadelbäume und die vergilbten Wiesen.

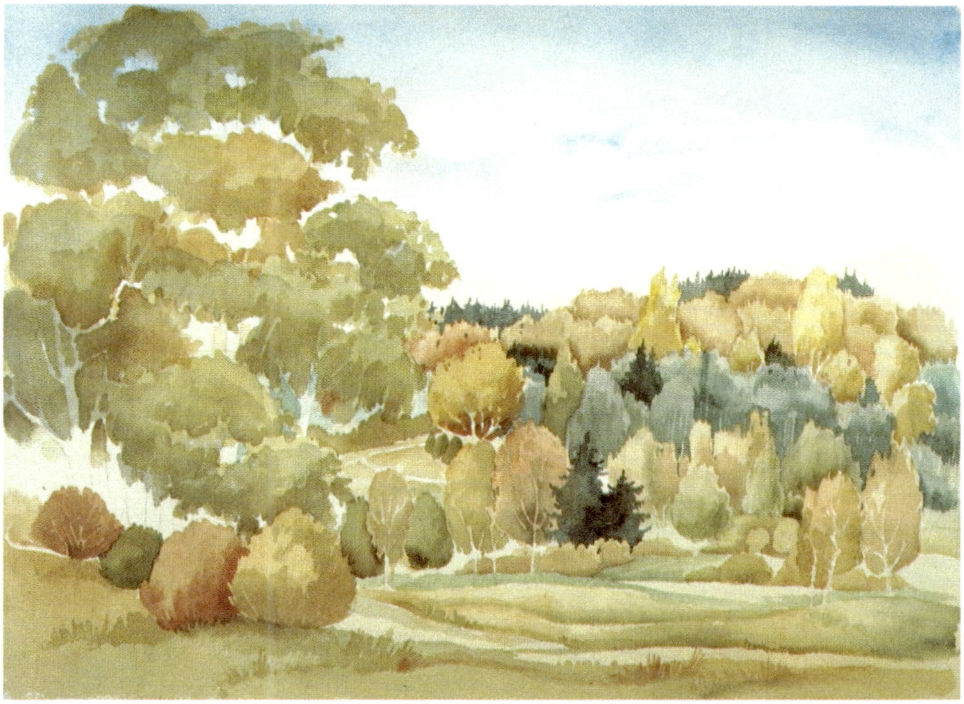

△4

indem ich sie ummalte. Die nasse Farbe wurde mit einem zweiten Pinsel, der mit Wasser angefeuchtet ist, von unten nach oben verwaschen. Dann wurden die „gelben“ (Ocker) Laubkronen in gleicher Weise bearbeitet.
Als nächstes die Bäume in der Mitte des Bildes (Englischrot und Caput mortuum) und die Büsche im Vordergrund. Zum Teilhabe ich Stämme und Äste ausgespart, dann habe ich noch ein paar Bäume eingefügt.
Als letztes noch die Andeutung von Grasbüscheln und etwas Farbe in Wiesen und Büsche.

Schritt 5 Als letztes malte ich wieder Stämme, Äste und Schlagschatten mit Indigo ins Bild.

▽5

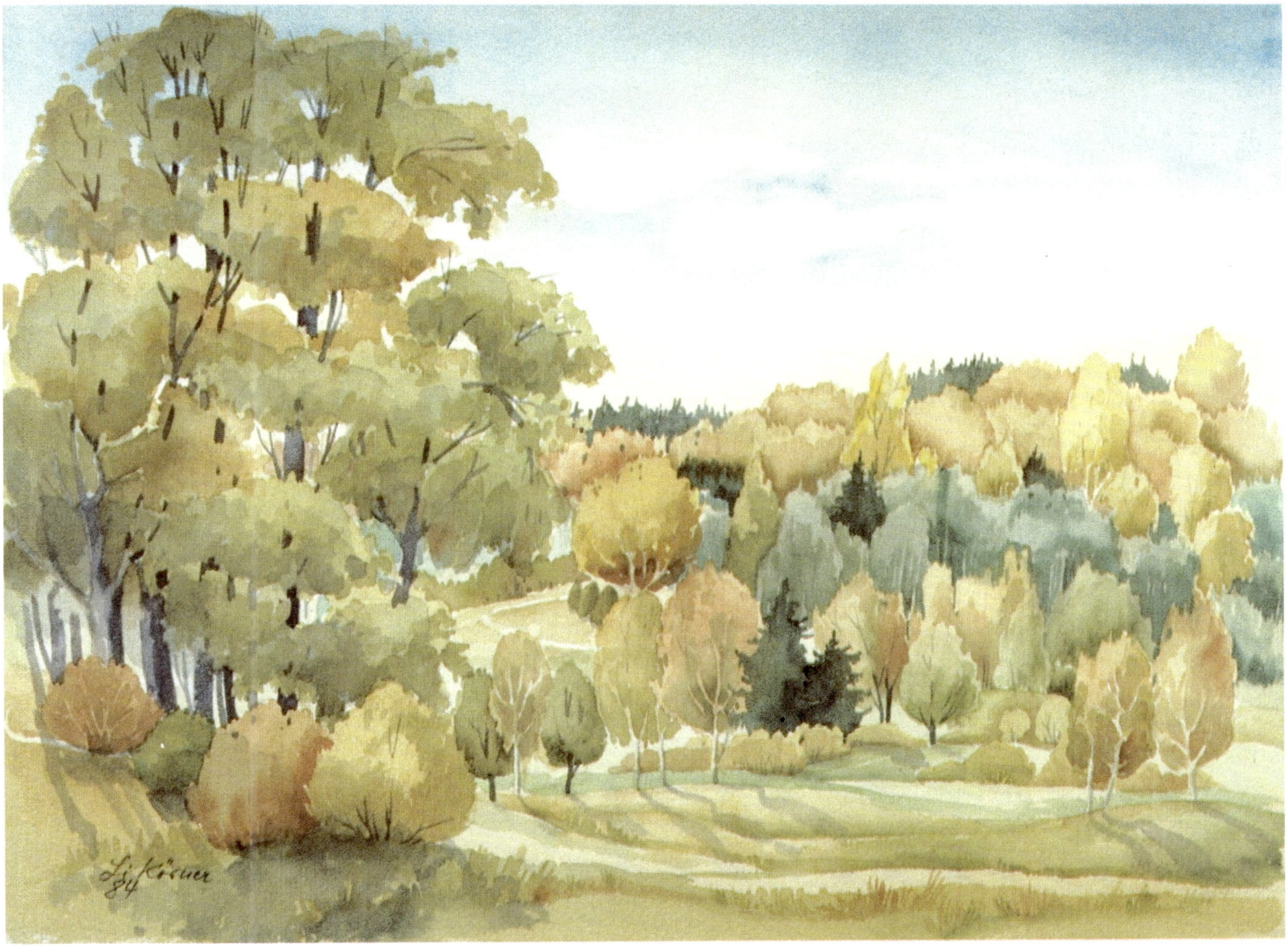

△1/2

Schritt 1 und 2 Die Fläche des Himmels und der Berge habe ich stark mit Wasser angefeuchtet und mit verdünntem Coelinblau grundiert, oberhalb der Bergkette habe ich einen Streifen freigelassen. Über die Bergkette legte ich stellenweise ein zartes Violett (Ultramarin mit Echt Rosa). In den Hang unterhalb der Berge malte ich einen Hauch von Ocker, in den Schilfstreifen dagegen intensiveres Ocker. In den Vordergrund wurde von unten nach oben verlaufend wieder Coelinblau, vermischt mit ein wenig Indigo, gemalt.

▽3

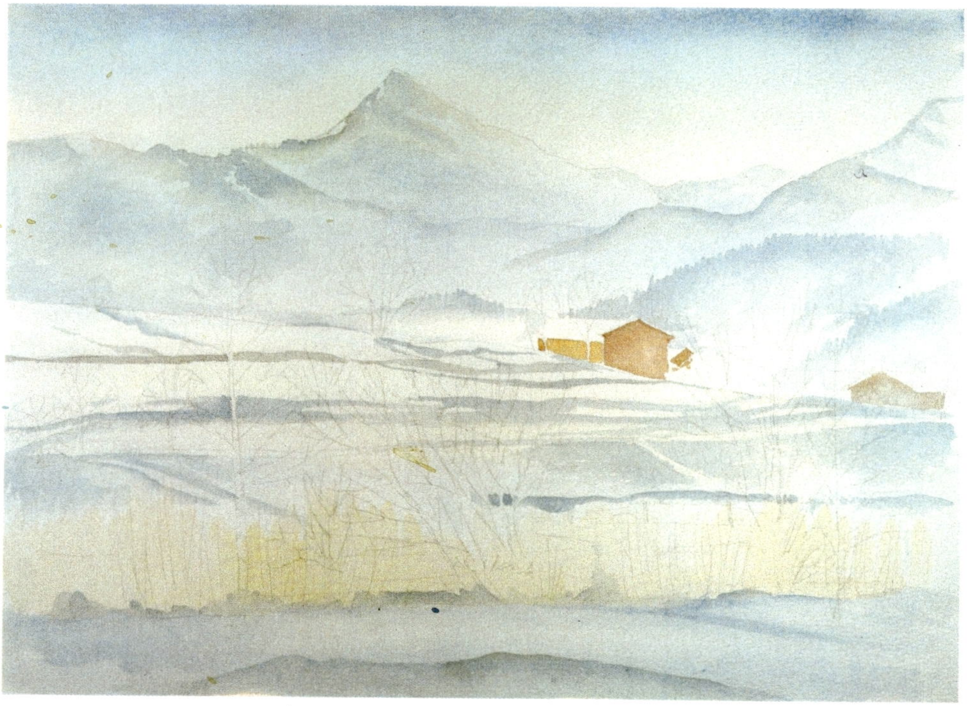

Schritt 3 Nun wurden die Hütten in Indigo mit Englischrot und Ocker angelegt. In die Bergkette wurden mit Indigo und Coelin zarte Konturen gemalt, die bewaldeten Hänge mit dazugemischtem Blauviolett angedeutet. In die Flächen des Mittelgrundhanges wurden Schattenstreifen in verdünntem Coelin mit Indigo, ebenso in die Schneefläche im Vordergrund gemalt.

Auch die entlaubten Bäume und Sträucher mit ihren filigranen Ästen und Zweigen können im Aquarell reizvoll dargestellt werden. Dafür sollte etwas Geduld und Sorgfalt verwendet werden, es lohnt sich!

Schritt 4 Ich malte noch mal ein paar Dunkelheiten in die Bergkette und in die Schilfpartie mit Ocker mehr Details. In den unteren Rand des Schilfes kam ein Hauch Hookersgrün, und in die Spitzen des Schilfs wurden mit stark verdünntem Indigo Schilfdolden angedeutet.
In den Häusern wurden Türen, Fenster und ein Bal-

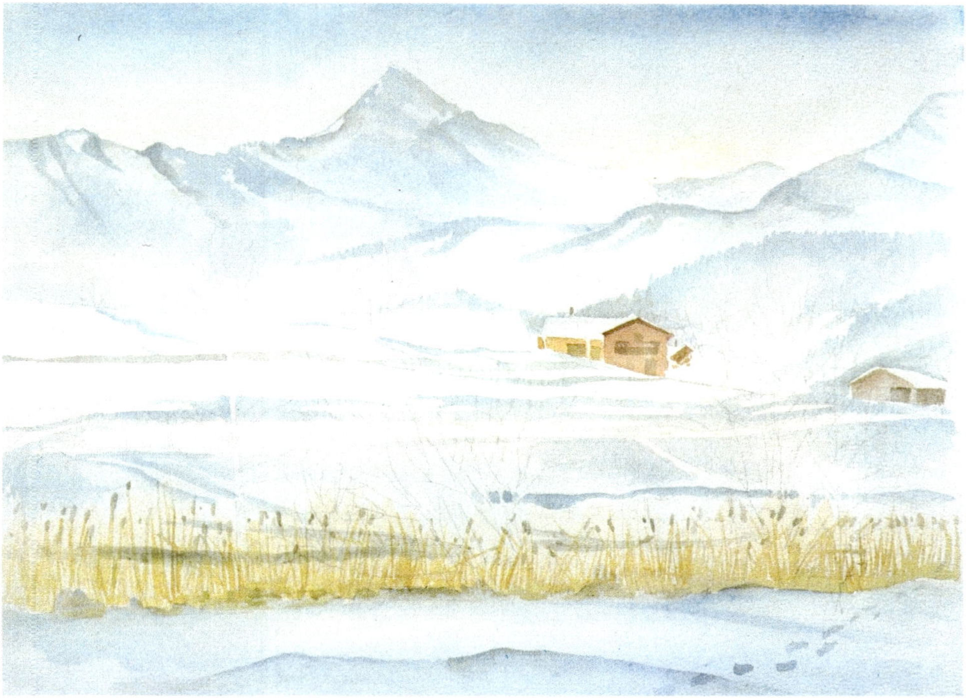

△4

kon angedeutet und die Schneedächer durch Ummalen mit verdünntem Coelin mit Indigo vom Hintergrund abgehoben. Zum Schluß noch ein ockerfarbener Schimmer in den Himmel am oberen Rand der Berge.

Schritt 5 Als Abschluß wurden Stämme und Äste mit dem feinsten Pinsel gemalt. Ich verwendete Indigo, Englischrot und Caput mortuum, wobei einmal mehr, einmal weniger von den genannten Farben verwendet wurden, um etwas Differenzierung zu erzielen. Die auch im Winter vorhandenen Knospen wurden mit einer hauchdünnen Lasur in Englischrot oder Ocker in die Äste gemalt.

▽5

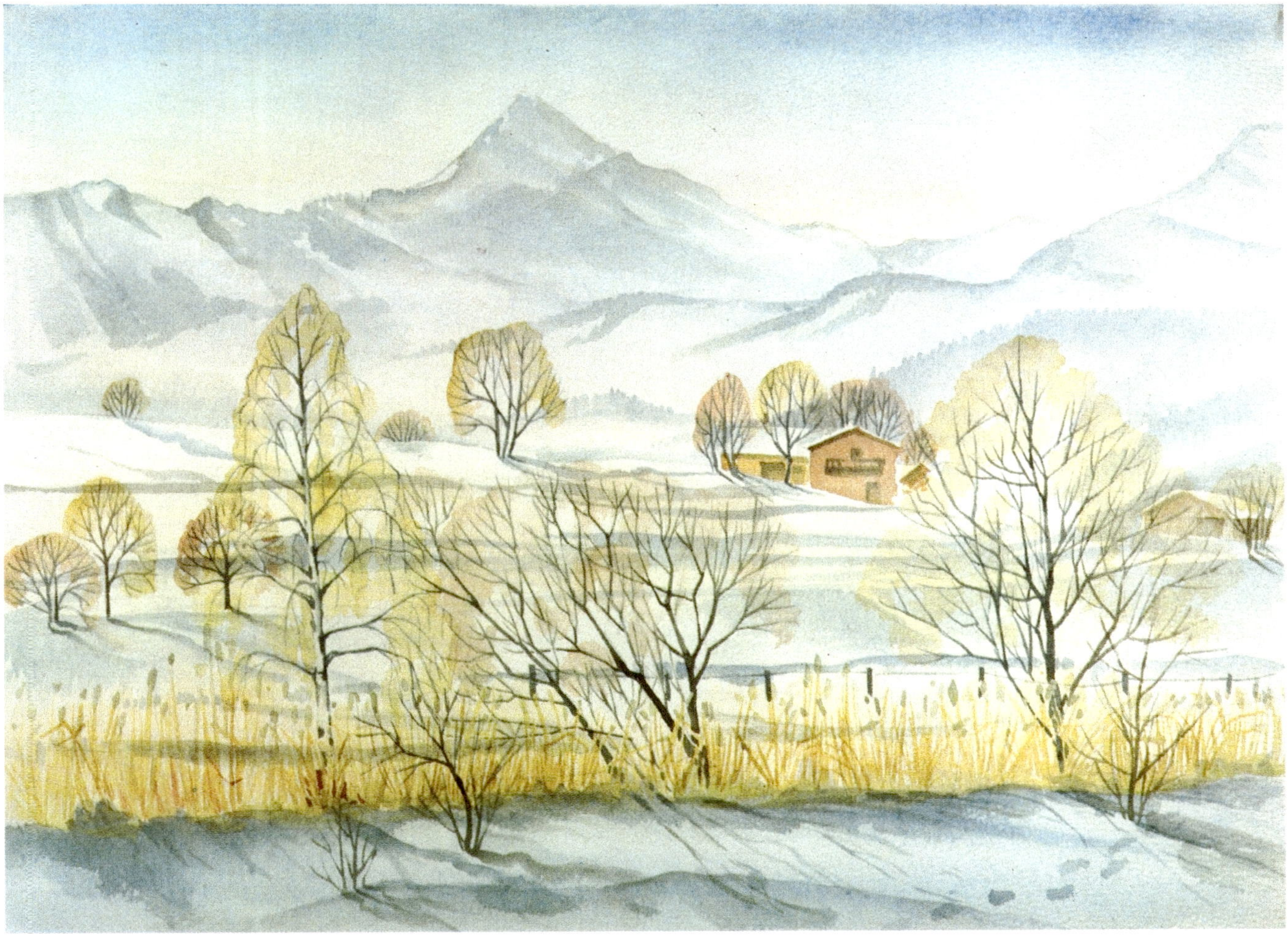

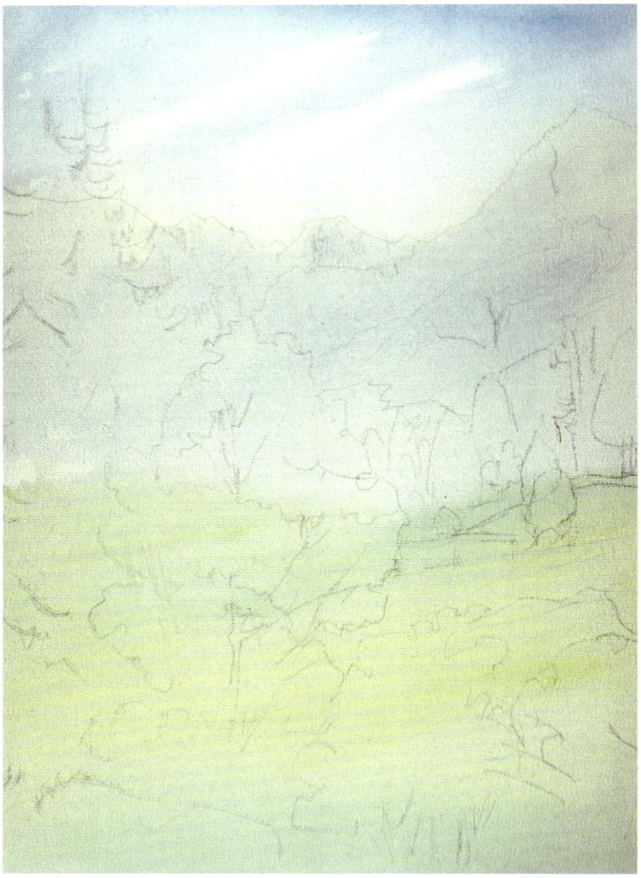

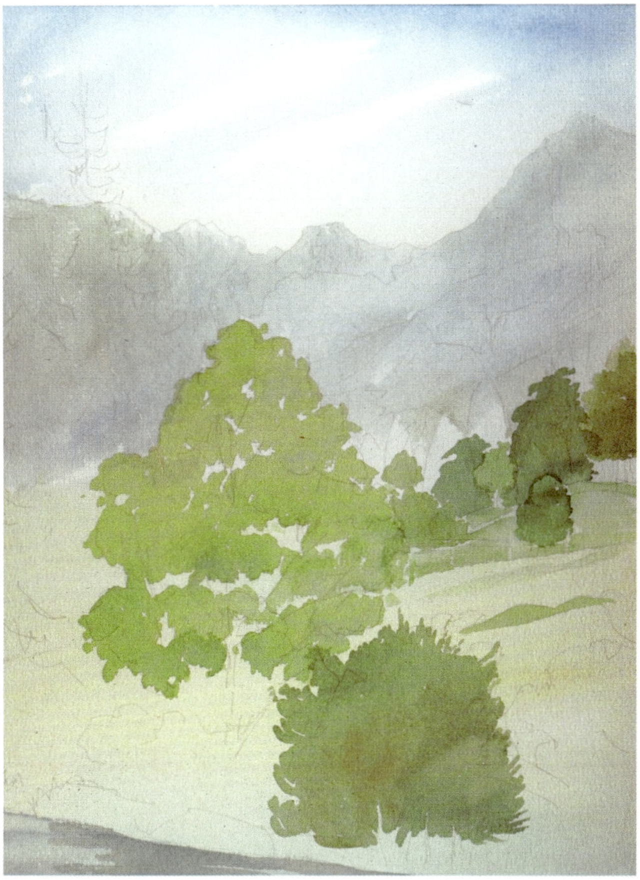

△1/2

△3

▽4

▽5

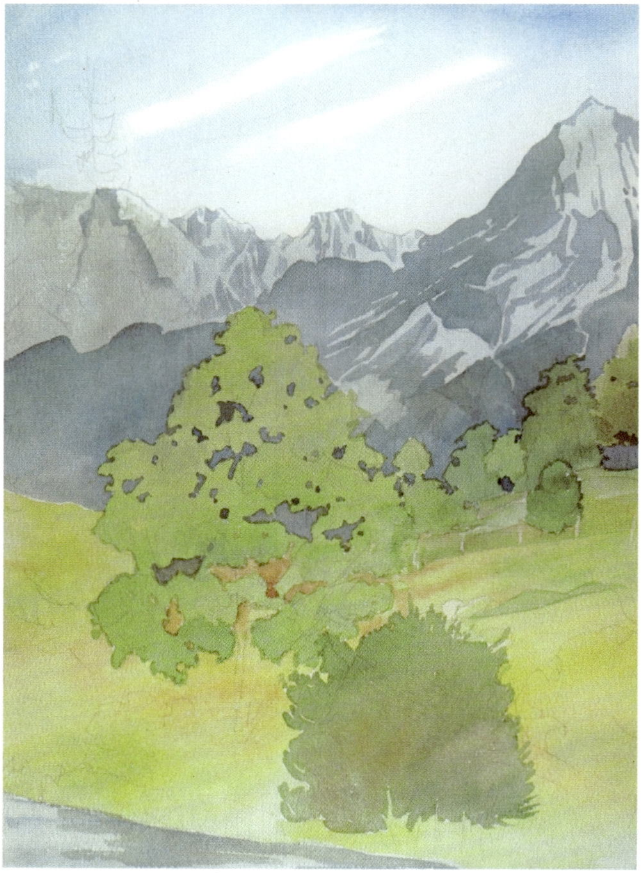

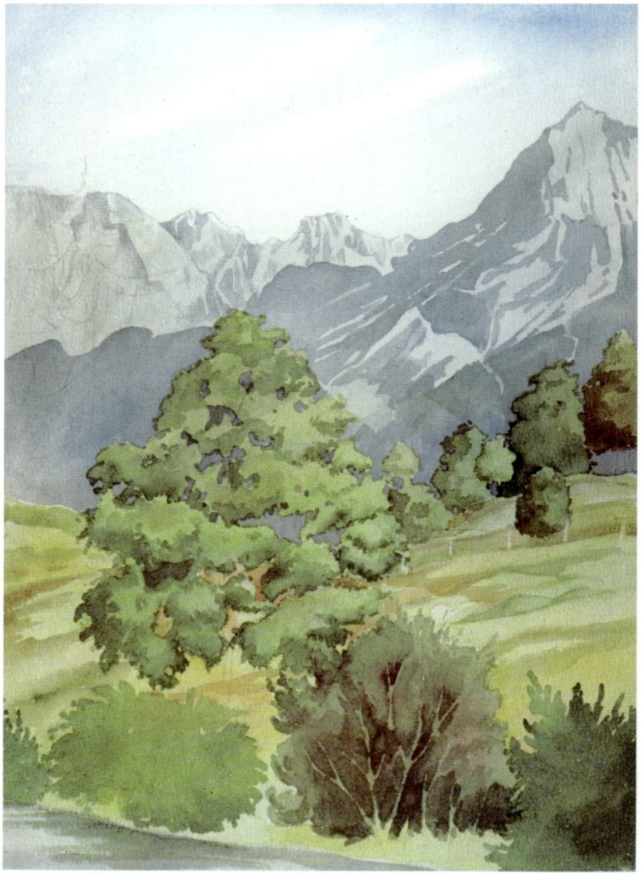

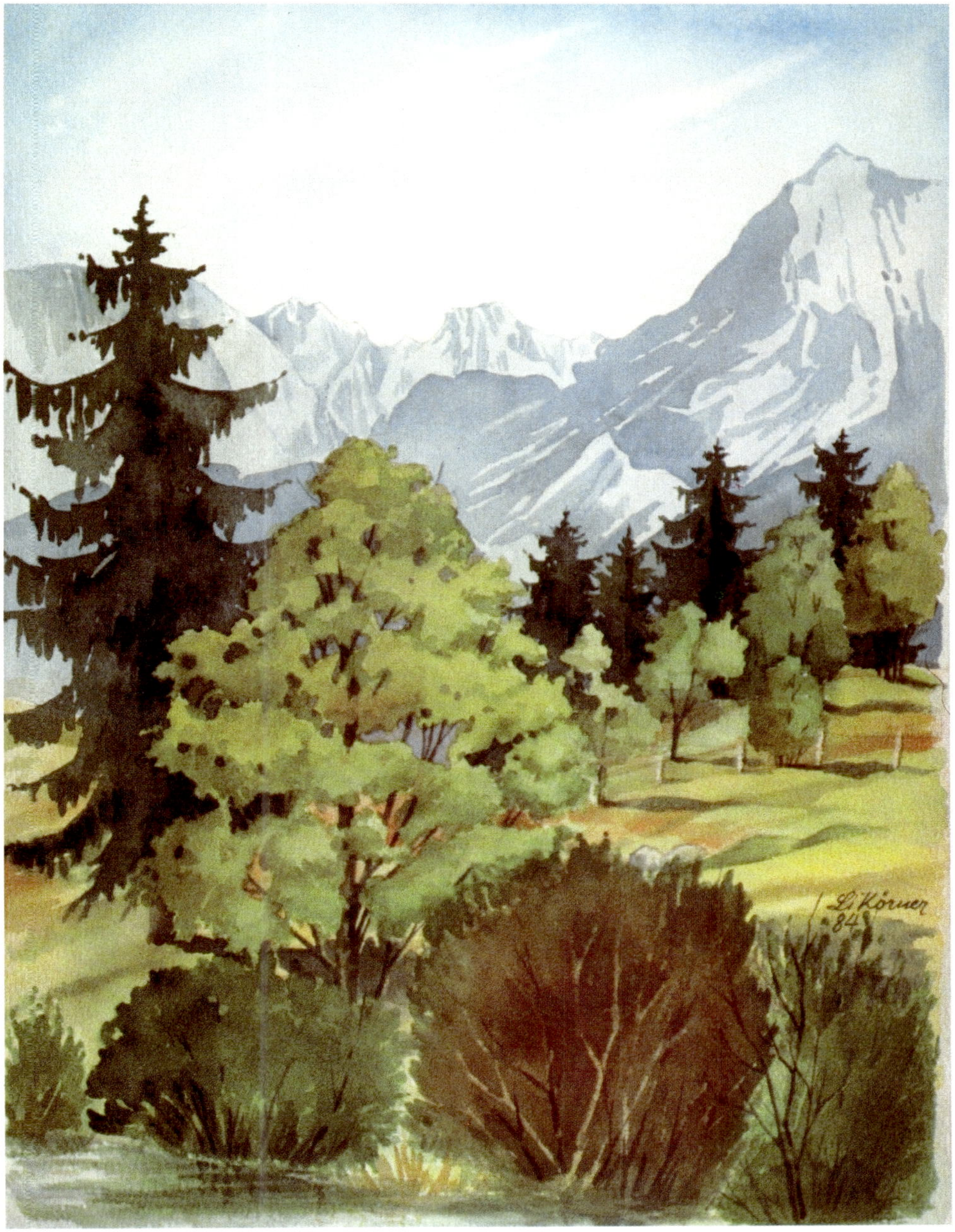

◁6

Diese Berglandschaft zeigt ein Wiesenstück bei Mittenwald mit typischem Baumbestand.

Schritt 1 und 2 Zuerst wurde wieder mit Bleistift vorgezeichnet, dann wurden Himmel und Berge mit verdünntem Coelinblau angelegt, die Wolken dabei ausgespart. Der Vordergrundhang auf der vorher angefeuchteten Fläche mit Hookersgrün, Ocker und ein wenig Englischrot lasiert.

Schritt 3 Dann wurde in die Berge noch mehr Farbe gebracht (verdünntes Indigo mit Coelinblau). Als nächstes malte ich das Laub des großen Bergahorn mit Olivgrün und Ocker; für den Busch im Vordergrund gab ich eine Spur Englischrot zu, um ein braunstichiges Grün zu erreichen. Die Laubbäume im Hintergrund malte ich in verschiedenen Grüntönen.

Schritt 4 Die Schatten in den Bergen wurden in verdünntem Indigo mit Ultramarinblau angelegt. In die Wiesen kam noch mehr Farbe (Ocker, Hookersgrün, Englischrot und Zitronengelb).

Schritt 5 Nun wurde Schatten in das Laub des großen Baumes gelegt (Echt Oliv, Englischrot, Indigo und Ocker), ebenso in die Baumgruppe rechts im Bild.

Schritt 6 Hinter die ausgesparten Laubbäume wurden die Nadelbäume gestellt (Saftgrün mit viel Indigo), in die noch nasse Farbe wurden gleich mit Indigo und ein wenig Grün die Schatten gemalt. Auch die Büsche im Vordergrund bekamen mehr Farbe, und zum Schluß wurden Schlagschatten, Stämme und Äste eingesetzt (Indigo mit etwas Caput mortuum).

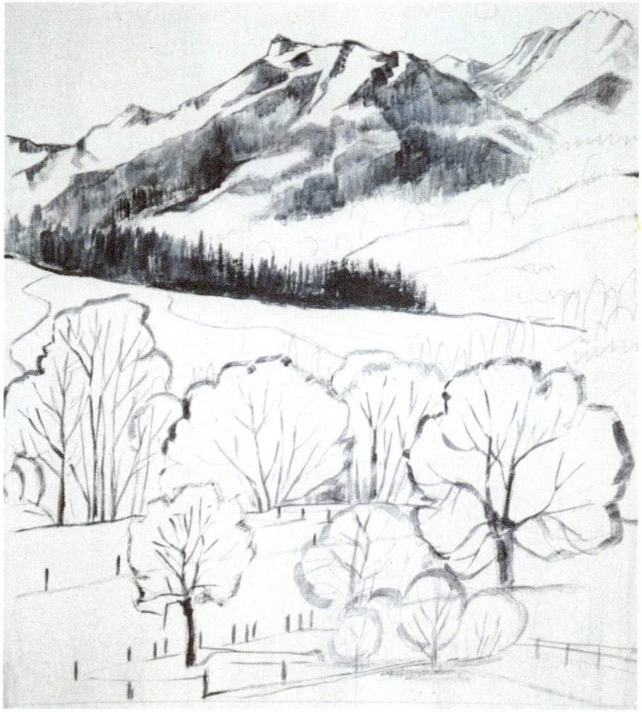

△1/2

Diesmal habe ich eine Frühlingslandschaft am Fuß des Wendelstein in Bayern ausgesucht, die mich in ihrer fröhlichen Farbigkeit zum Malen gereizt hat.

Schritt 1 und 2 Erst wurde das Motiv mit Bleistift auf einem mit weißer Plakafarbe grundierten Malkarton leicht vorskizziert, dann wurde diese Bleistiftzeichnung mit verdünntem grauem Plaka fixiert, um ein Gerüst für die deckende Temperafarbe zu haben.

Schritt 3 Die maigrüne Laubbaumgruppe unterhalb der Berge, im rechten Bildteil, wurde in einer Mischung aus Ocker, Olivgrün und Zitronengelb gemalt. Mit der gleichen Farbe legte ich die Laubbäume im Vordergrund ziemlich flächig an, wobei ich abwechselnd andere Farben beimischte: Ocker mit Saftgrün, Saftgrün, Englischrot mit etwas Deckweiß, Ocker mit Olivgrün und Zitronengelb. Den Himmel malte ich in einer Mischung aus Coelinblau, Weiß und Ultramarin, die Wolken sparte ich aus und stupfte mit einem fast trockenen Pinsel Deckweiß in die ausgesparte Fläche. Den gelblichen Ton in den Wolken erzielte ich mit einem Hauch Ocker, der in das Weiß eingestupft wurde.

Schritt 4 Nun wurde auch die Wiese in verschiedenen Farbschattierungen übermalt (Olivgrün, Englischrot und sparsam Zitronengelb), die Nadelwälder in einer Mischung aus Indigo, Hookersgrün und Coelinblau, und die Bergkette in Weiß und Indigo mit Weiß angelegt. Die Wolken bekamen mit dem Stupfpinsel einen leichten Schatten in Weiß plus Indigo.

Schritt 5 Ich malte noch etwas mehr Weiß in die Blütenbäume, legte mit Indigo Schatten unter die Bäume, und zum Schluß wurden Stämme, Äste und Zäune ins Bild gesetzt (Indigo mit Caput mortuum).

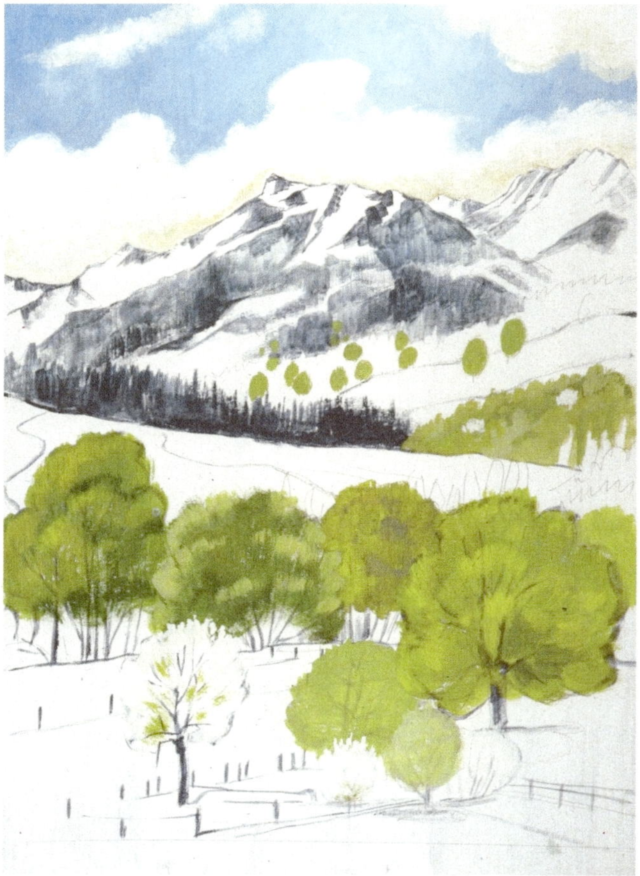

△3

▽4

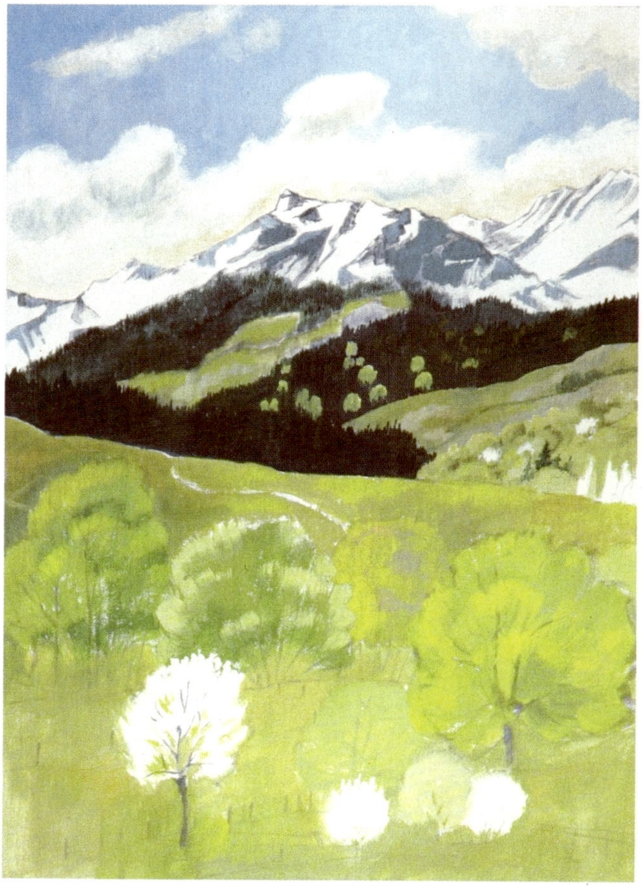

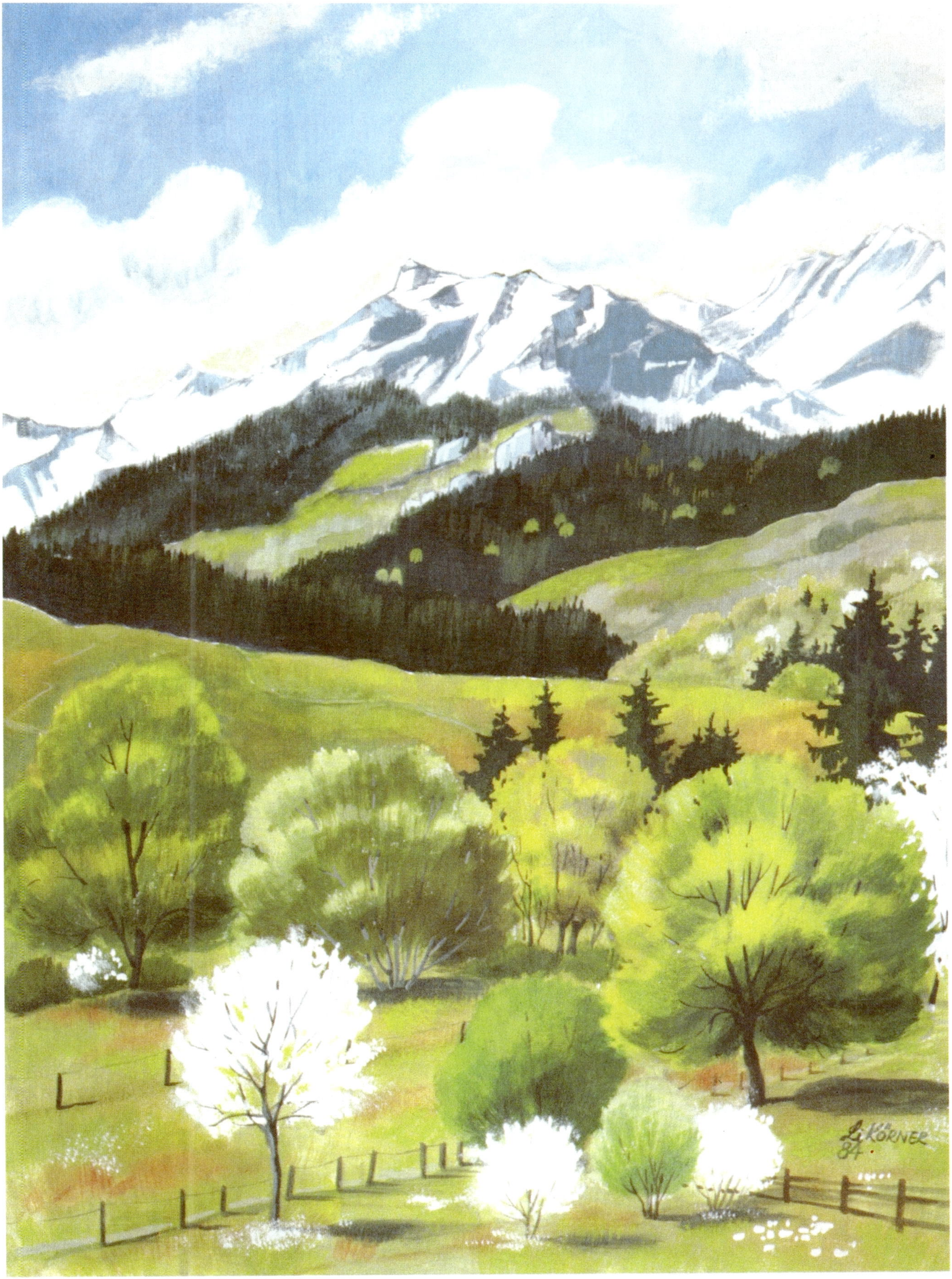

5▷

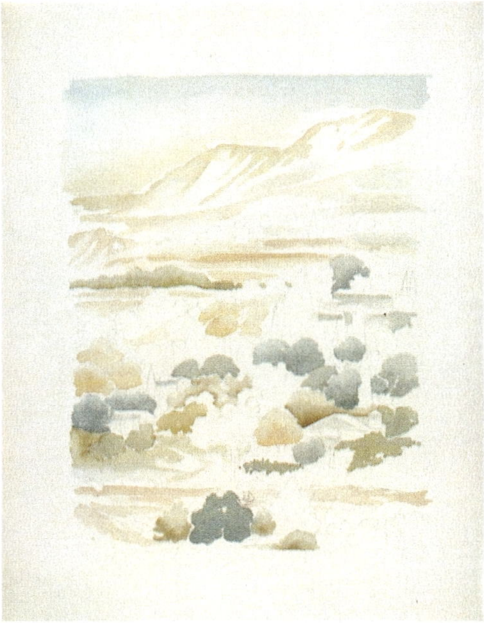

◁1/2

Diese typische südliche Hügellandschaft habe ich bei Pisa in Italien gemalt. Sie ist besonders malerisch mit ihren verschiedensten Bäumen, die ich diesmal ziemlich flächig in allen Grüntönen meines Malkastens anlegte.

Schritt 1 und 2 Nach einer Bleistiftvorzeichnung wurde in die angefeuchtete Fläche ein Hauch Ocker in den Himmel und über die hohen Berge im Hintergrund gelegt. Das Graugrün der Olivenbäume mischte ich aus Coelinblau und Hookersgrün, die anderen Laubbäume wurden teils in Saftgrün mit Ocker, teils in verdünntem Olivgrün gemalt. Alle Farben wurden für diese erste Phase nur dünn aufgetragen.

Schritt 3 Als nächstes habe ich in die Bergkette mit Ocker und wenig Englischrot etwas mehr Schattierung gebracht und in den Hang eine Baumkette gemalt (Olivgrün mit Ocker). In das bewaldete Hangstück wurden noch rötlich-grüne Bäume gesetzt (Englischrot mit Hookersgrün).
Dabei habe ich von unten nach oben gearbeitet, d. h. die unten liegenden Baumkronen ausgespart, also ummalt, nach oben wurde die Farbe mit einem Wasserpinsel ausgewaschen. Oberhalb der Mauer im unteren Bildteil habe ich eine Hecke in Olivgrün mit Indigo gemalt und in der gleichen Farbe noch ein paar Bäume in den Hang und eine Baumgruppe in die untere Bildecke gesetzt.

Schritt 4 Die Dächer der Häuser wurden in verdünntem Englischrot angelegt, und in die Bäume im Hang wurden in einer Mischung aus Saftgrün mit Indigo Stämme und Äste teils positiv, teils negativ (d. h. ausgespart und mit dunklerem Grün ummalt) eingesetzt.

Schritt 5 Fenster und Schatten wurden mit verdünntem Indigo in die Häuser gemalt und zum Schluß die typischen Zypressen in den Hang zwischen die Laubbäume gesetzt (Indigo mit Saftgrün).

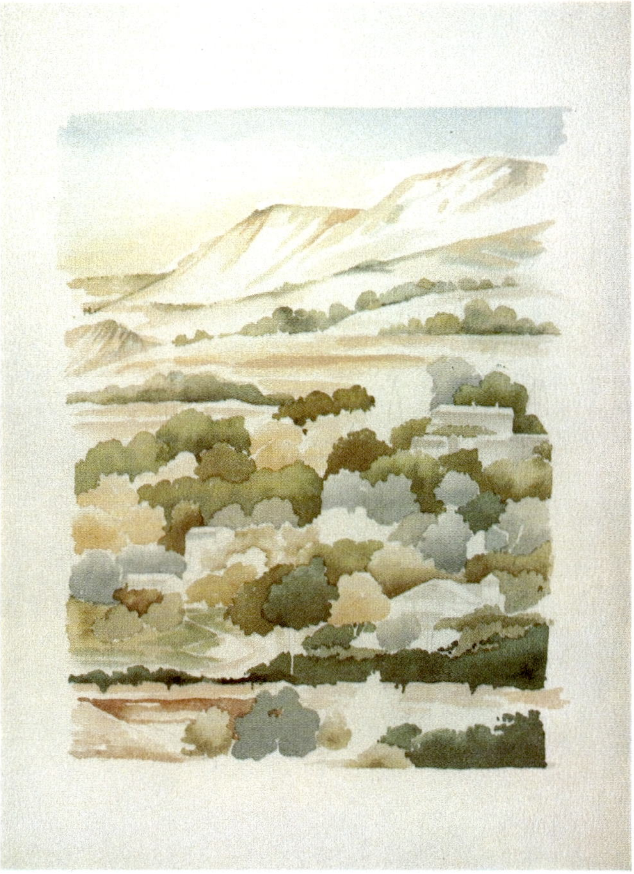

△3

▽4

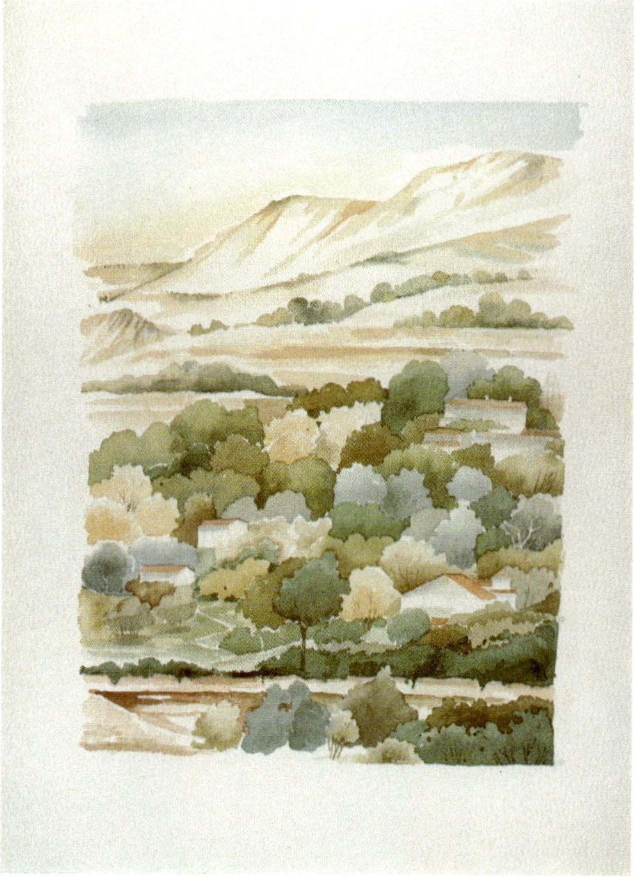

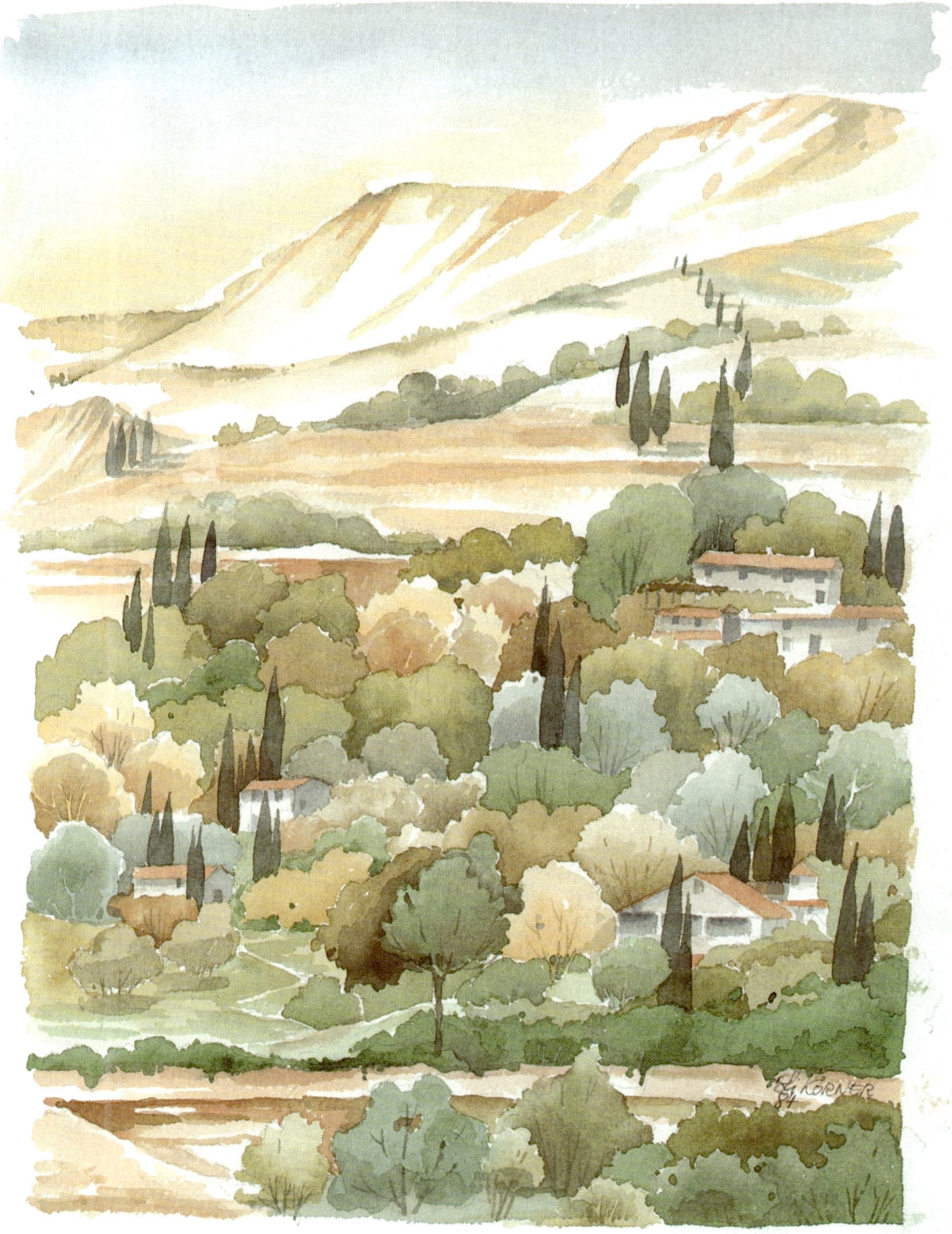

5▷

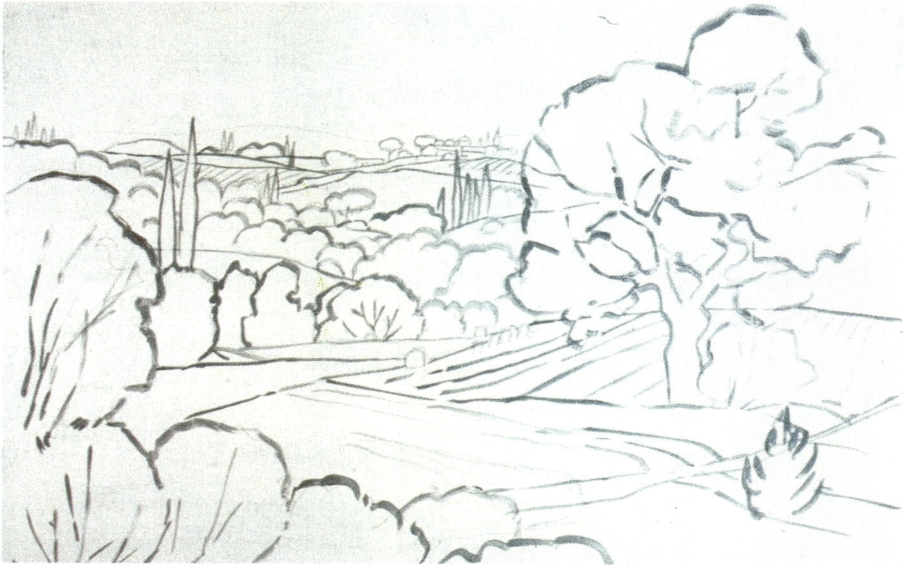

△1

Schritt 1 Eine leichte Bleistiftvorzeichnung wurde wieder mit hellem grauem Plaka festgelegt.

▽2

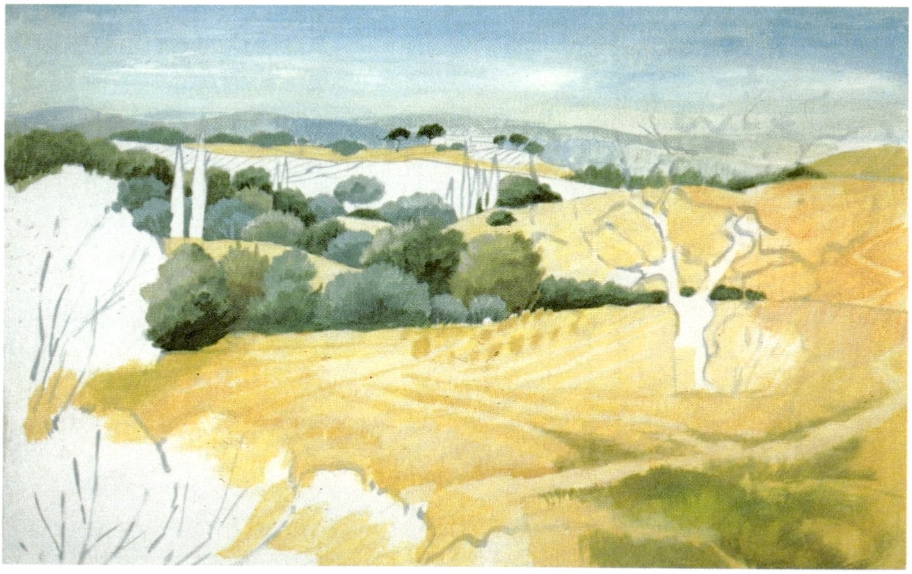

Schritt 2 Die eben abgeernteten Felder wurden mit einem Ocker-Weiß-Gemisch, der Himmel in einer Kombination aus Coelin und Weiß und am Horizont aus Ocker und Weiß grundiert. Die Bäume und Sträucher wurden in den verschiedensten Grüntönen angelegt (Hookers und Saftgrün, Ocker, Weiß). Bei den Olivenbäumen habe ich sogar Coelinblau beigemischt. Die weiter entfernte Hügelkette wurde in Coelinblau mit Grün und viel Weiß gemalt, das bereits gepflügte Feld unterhalb des Dorfes mit Englischrot.

▽3

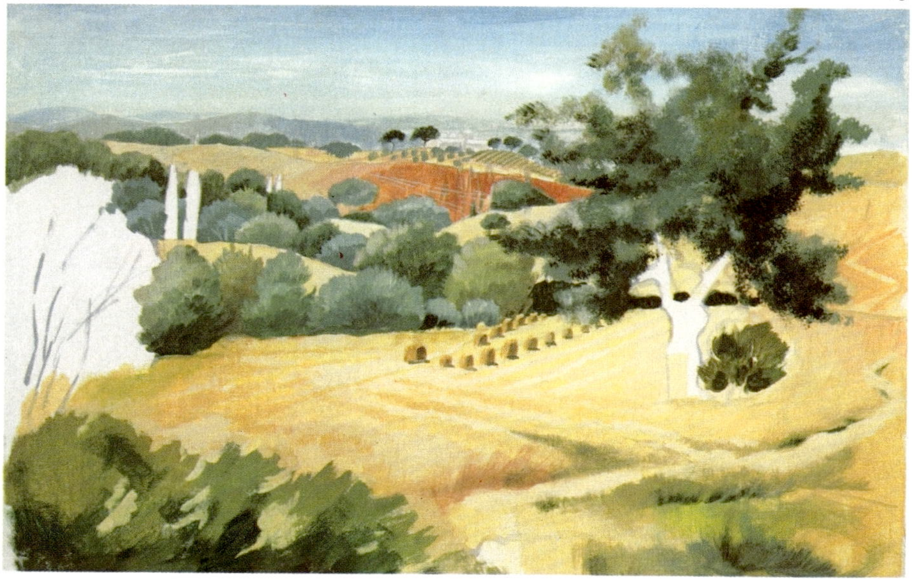

Schritt 3 Das Laub des großen Olivenbaumes habe ich mit dem Stupfpinsel in Coelin, Hookers- und Saftgrün, Weiß und Indigo gemalt, in den rechten Vordergrund habe ich einige Grasstrukturen gesetzt (Ocker, Hookersgrün, dazu ganz wenig Englischrot, Zitronengelb und Weiß). Die Busch- und Baumgruppen links im Bildvordergrund wurden in allen Grünschattierungen gemalt, wobei gleich in die feuchte Farbe die dunklen Töne mit beigemischtem Indigo aufgesetzt wurden.

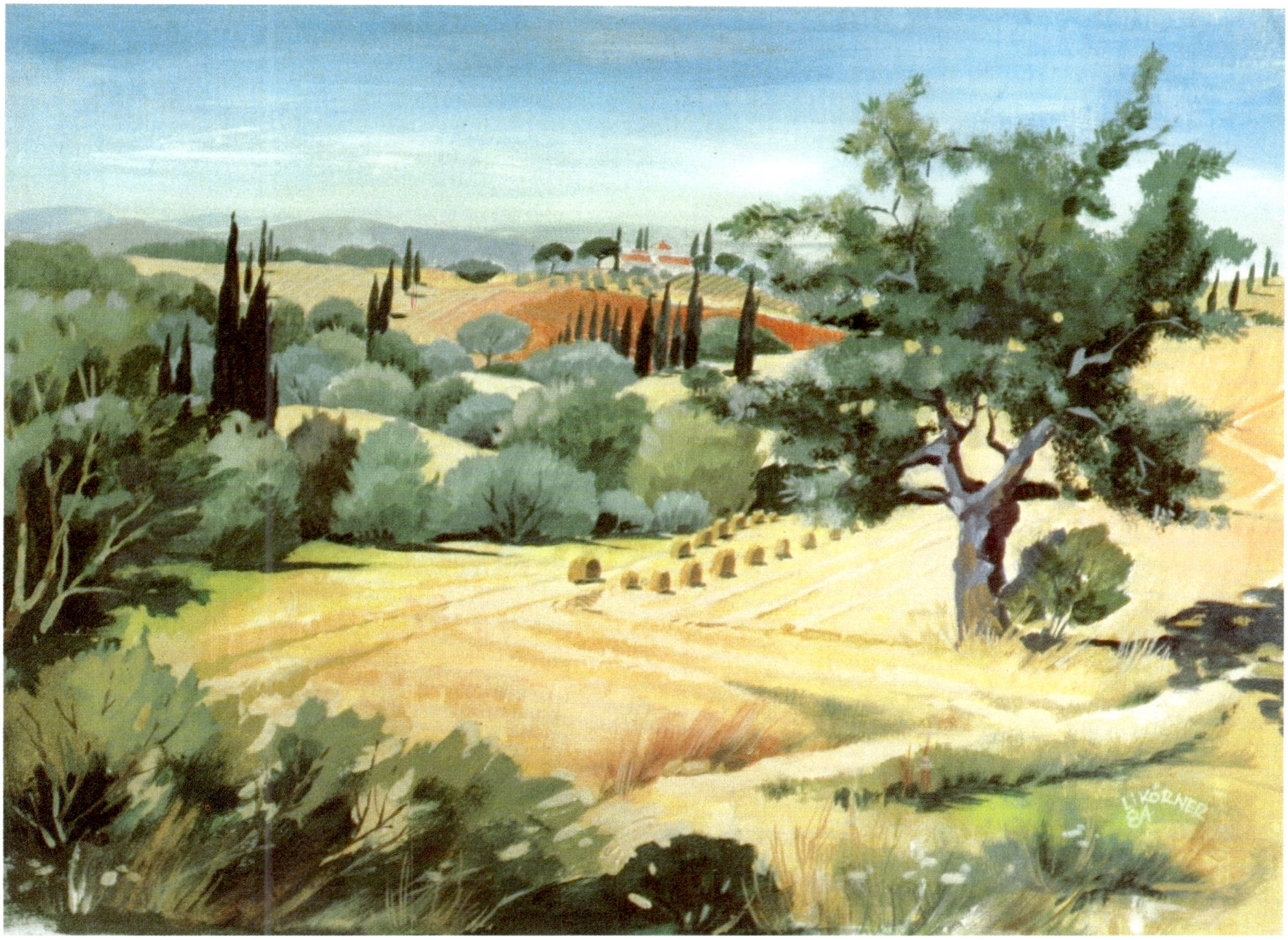

△4

Schritt 4 Das nächste war der Stamm der großen Olive (Indigo, Ocker und Weiß); Äste und Schatten wurden mit Indigo und etwas Caput mortuum in einem Arbeitsgang mitgemalt, ebenso die Schlagschatten.
In die Sträucher und Bäume im Vordergrund wurden Stämme und Äste gesetzt, ebenso in einige der weiter entfernten Baumgruppen (Caput mortuum, Ocker, Englischrot, Hookersgrün und Indigo).

Mit dem feinsten Pinsel wurde nun das Dorf angedeutet (Weiß, Ocker und etwas Indigo); die Dächer wurden in Zinnober und Weiß angelegt.
Als letztes kamen die Zypressen ins Bild (Indigo mit Grün); die weiter im Hintergrund stehenden bekamen noch etwas mehr Weiß in die Farbe, um so die Perspektive darzustellen.

Dies Bild zeigt die Toskana mit ihrer typischen Harmonie zwischen landwirtschaftlich genutzter Landschaft und üppiger, wild gewachsener Vegetation.

Dieses Bild wurde auf Korfu, der grünen Insel Griechenlands, gemalt, im Vordergrund einer der typischen Schafställe.

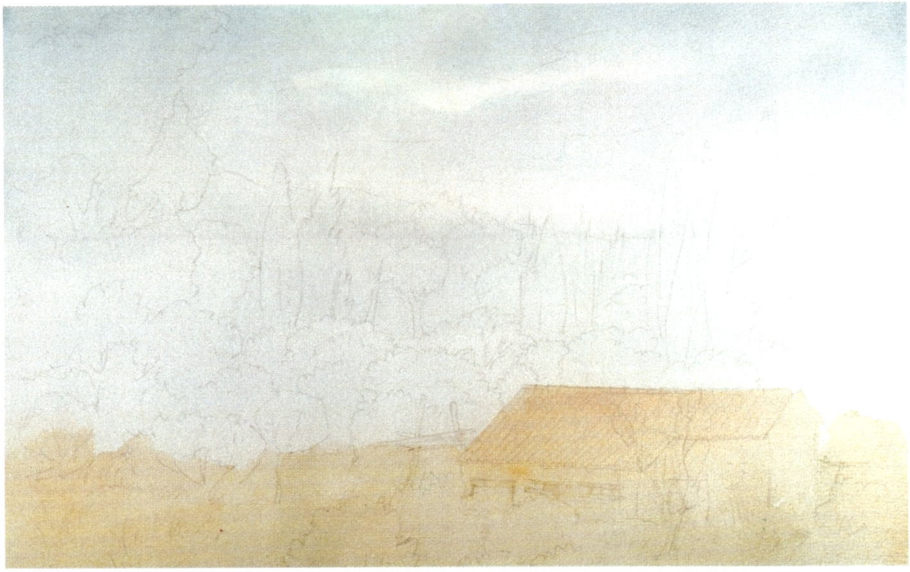

△1/2

Schritt 1 und 2 Nach der Bleistiftvorzeichnung habe ich den Himmel und den Hang im Hintergrund in die vorgefeuchtete Fläche mit Coelinblau lasiert; ein paar weiße Wolken wurden dabei ausgespart. In den Berghang ließ ich ein wenig Hookersgrün einlaufen.

▽3

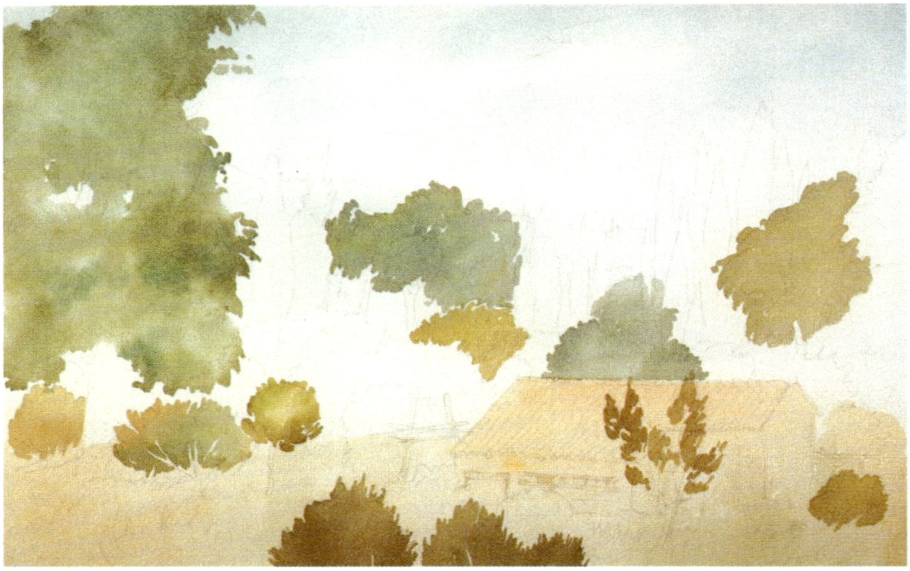

Schritt 3 Als nächstes grundierte ich das Laub der großen Steineiche, links im Bild (mit Olivgrün und Ocker), dann legte ich die Olivenbäume am Hang (hier gab ich noch etwas Coelinblau zur Farbe) und ein paar „maigrüne" Baumkronen an (hier wurde Zitronengelb beigemischt). Die Büsche im Vordergrund und der Baum rechts im Bild und das Bäumchen vor der Hütte wurden in einer Mischung aus Hookersgrün, Ocker und Englischrot angelegt.

▽4

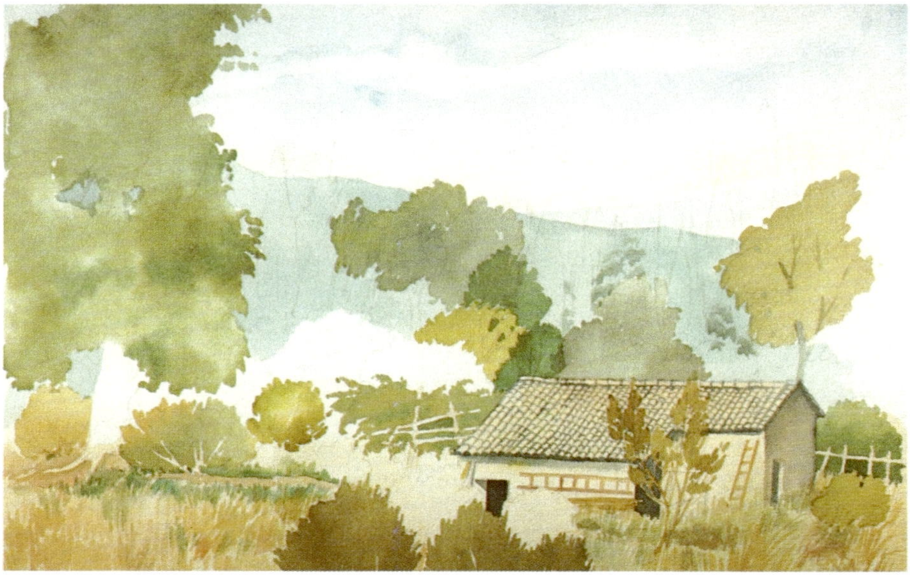

Schritt 4 Der Weinstock links vom Haus bekam eine Grundierung mit Hookersgrün und Ocker, in die etwas Heliogengrün getupft wurde; die Tragestangen wurden dabei ausgespart. Das Gras im Vordergrund habe ich mit flotten Pinselstrichen angedeutet (Ocker, Englischrot, Hookers- und Heliogengrün und ein wenig Caput mortuum), den Busch hinter dem ausgesparten Zaun in verdünntem Olivgrün gemalt.

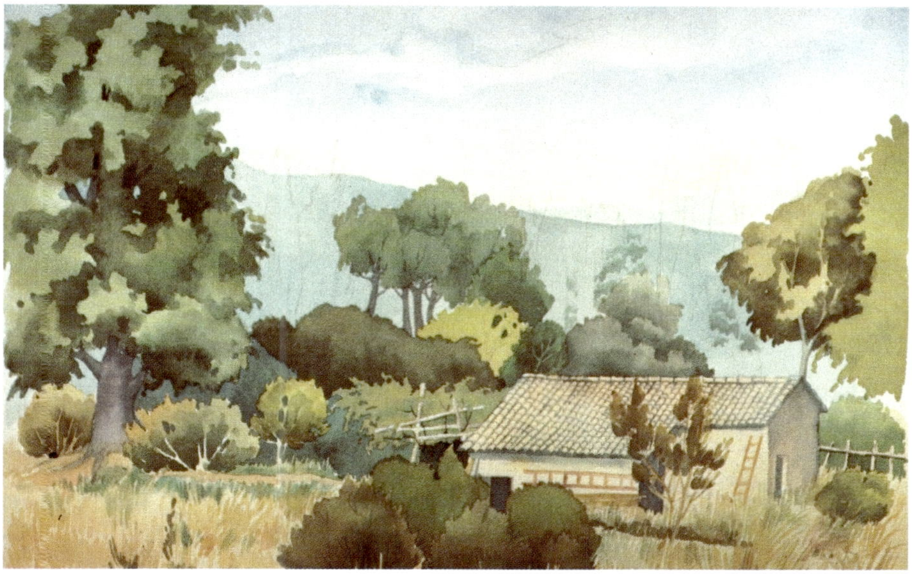

△5

Schritt 5 Mit einiger Sorgfalt wurde nun die Struktur des typischen Ziegeldaches mit Indigo angelegt und die Schatten in das Laub der großen Steineiche gemalt (Saftgrün mit Ocker und Indigo). Hinter dem Weinstock und den Büschen und Bäumen links im Bild wurde dunkles grünes Buschwerk angedeutet (Heliogengrün mit Indigo) und dahinter eine Partie Sträucher in Caput mortuum und Olivgrün. Die Steineiche und die Baumgruppe im Hintergrund bekamen nun ihre Stämme und Äste (Indigo mit Ocker und Caput mortuum), wobei ich in die Schattenseiten und unterhalb der Laubkronen gleich Indigo einfließen ließ.

▽6

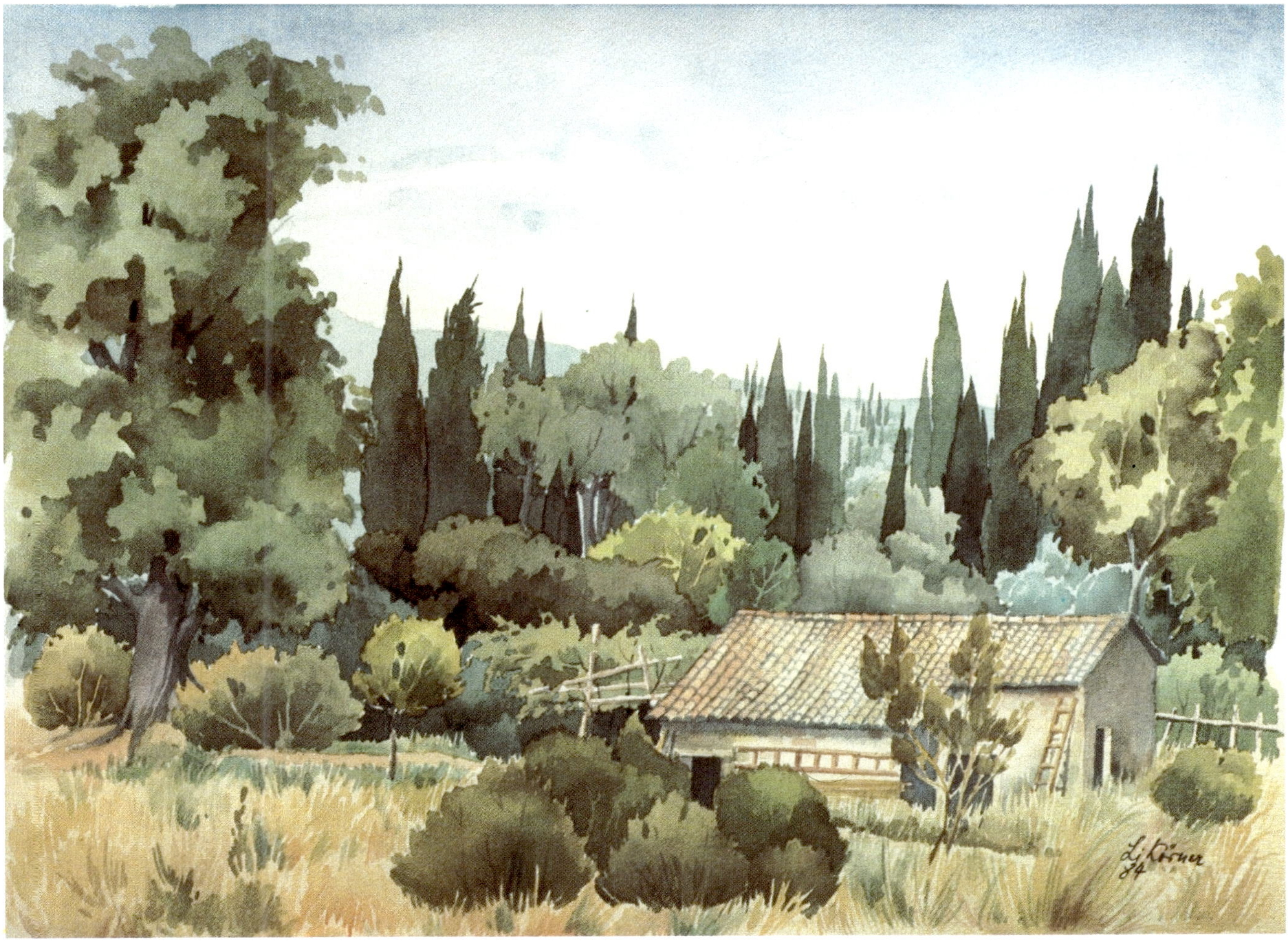

Schritt 6 Als letztes wieder die dunkelsten Farbtöne nacharbeiten, und das sind bei diesem Bild die Zypressen und die Schatten. Auch die Schäferhütte wurde noch mal mit mehr Farbe überarbeitet: Ocker, Zinnober und Englischrot ins Dach und in die Wände sowie die Leitern Ocker und Englischrot, das Innere der Türen und die Schatten unter dem Dach wurden mit Indigo gemalt. Die Zypressen wurden in verschiedenen, mit Indigo vermischten Grüntönen gemalt. Stämme und Äste wurden mal negativ (d. h. ausgespart), mal positiv gemalt.

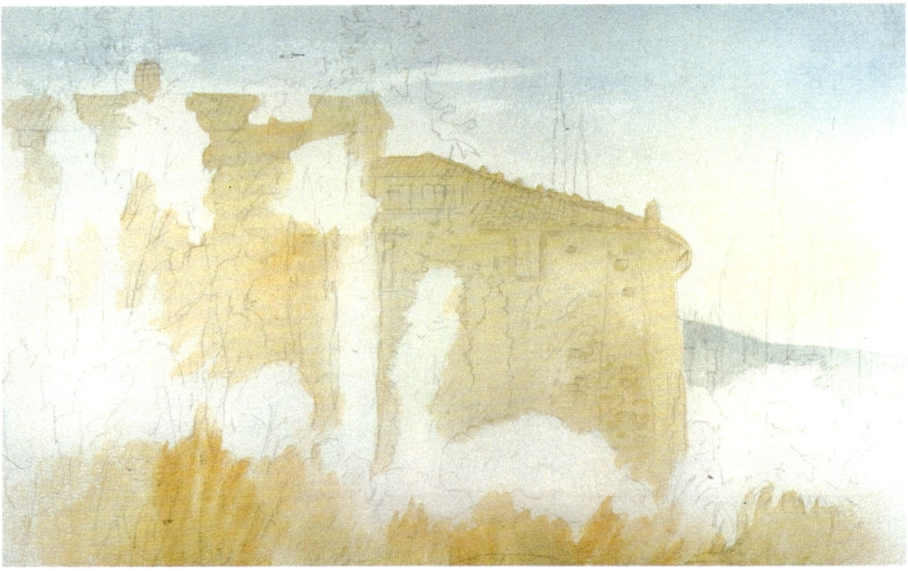

△1/2

Schritt 1 und 2 Als erstes, wie immer, die Bleistiftvorzeichnung. In den mit Wasser angefeuchteten Himmel wurde dann mit Coelinblau und Ocker gemalt. Das Haus und der Vordergrund wurden mit Ocker grundiert, dem Englischrot und Zitronengelb beigemischt sind. Die Flächen für das Grün der Vegetation habe ich teilweise ausgespart, um nachher frischere Farben zu erreichen.

▽3

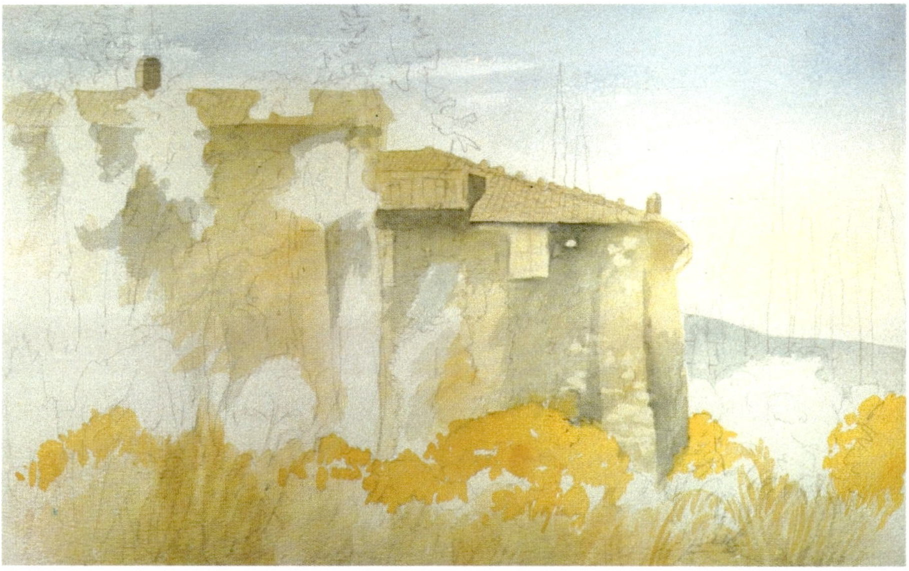

Schritt 3 und 4 Als nächstes habe ich die leuchtend gelben Ginsterbüsche mit Echt Hellgelb grundiert und die verwitterte Hauswand mit verdünntem Indigo mit Ocker zum Teil noch mal überlasiert, wobei ich einige Mauersteine ausgespart habe. Die Ziegelstruktur des Daches und die Fenster malte ich mit Indigo, die Fensterstöcke habe ich ausgespart. Dann malte ich mit Echtgelb dunkel Schatten in die Ginsterbüsche; die Gräser im Vordergrund habe ich mit lockeren Pinselstrichen angedeutet (Ocker, Englischrot, Hookersgrün und ganz sparsam Caput mortuum). Die Büsche hinter dem Ginster, der dabei ausgespart wurde, malte ich in verschiedenen Grüns, ebenso den am Haus hochkletternden Weinstock (Hookersgrün mit Englischrot, oder Ocker mit Heliogengrün gemischt).

▽4

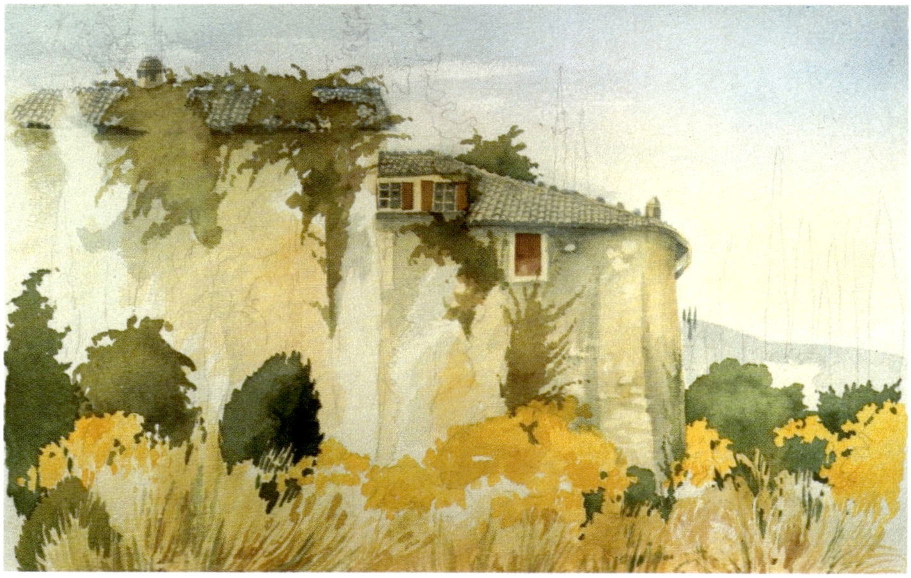

In der gleichen Art wurden der Laubbaum und die alte Zeder hinter das Hausdach gemalt, dazu die Zypressen mit Heliogengrün, Olivgrün und Indigo.

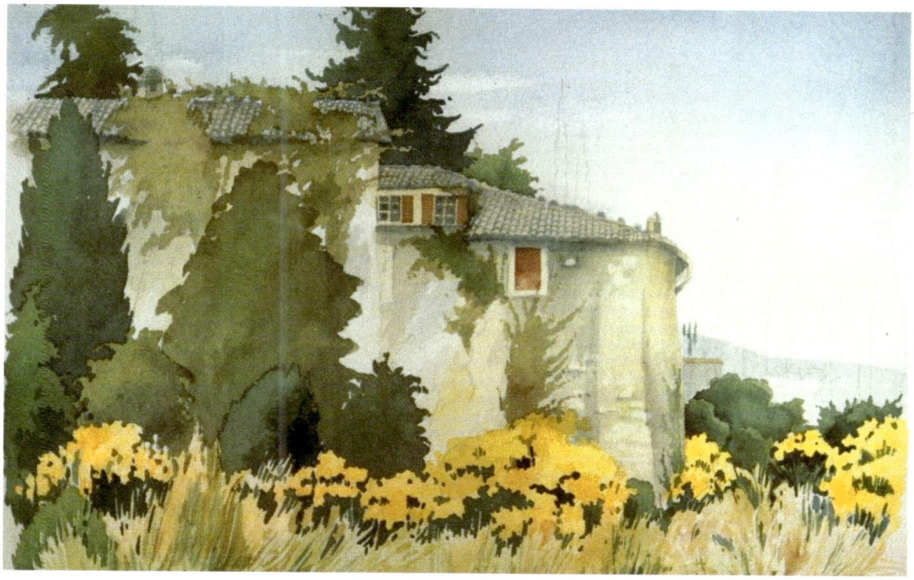

Schritt 5 Die Büsche rechts im Bild bekamen mit der gleichen Mischung ihren Schatten, und auch die Tiefen unter den Ginstersträuchern wurden in derselben Farbe gemalt. Die Laubbäume vor dem Haus habe ich mit Hookersgrün, Ocker und Indigo angelegt. Nun wurde das Dach mit verdünntem Zinnober, Ocker und Englischrot noch mal übermalt, ebenso ein paar Ziegel in der Hauswand angedeutet; dann habe ich die Schatten des Weinstocks an der Wand mit Hookersgrün und Indigo gemalt.

△5

▽6

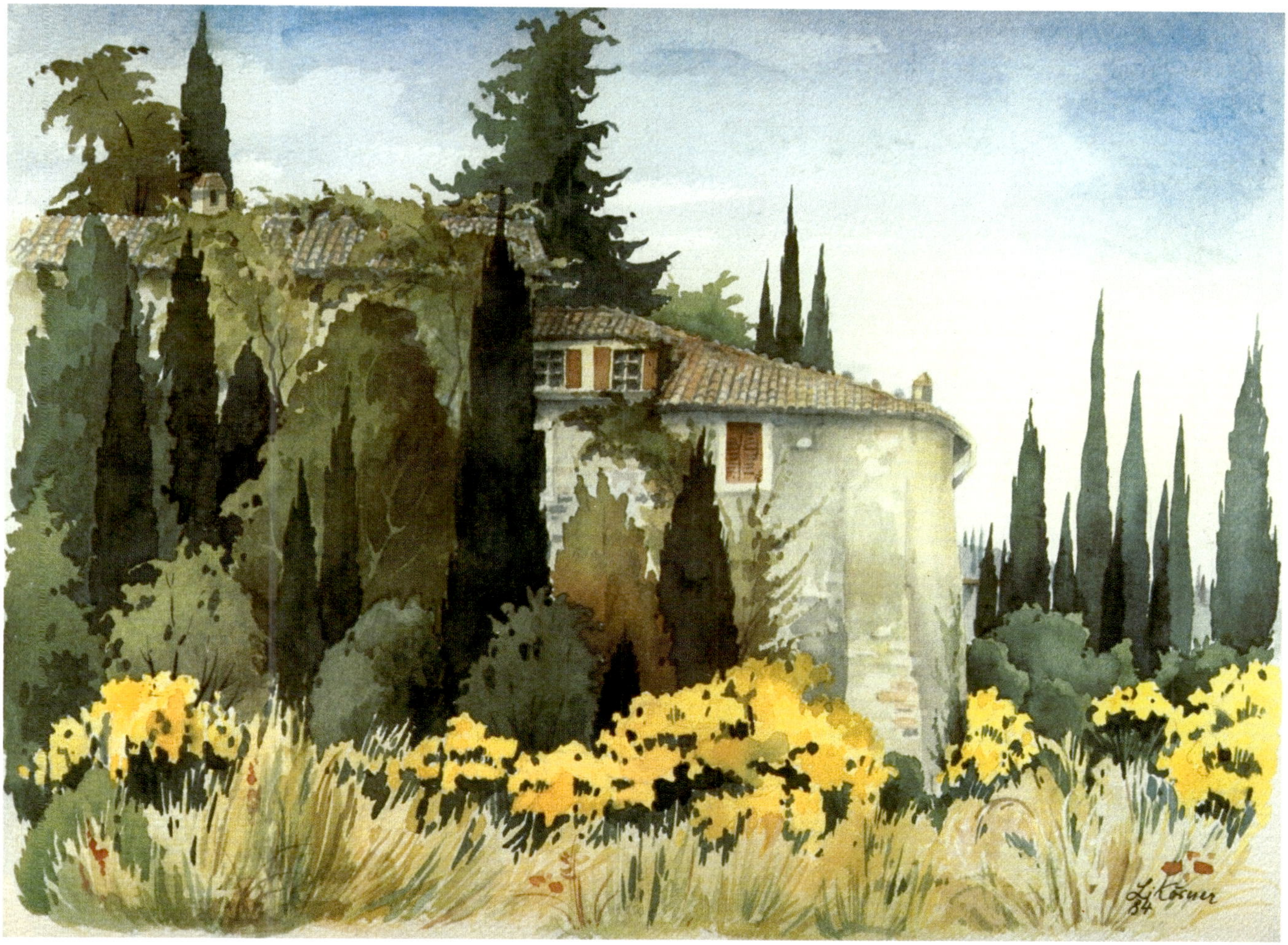

Bei diesem Motiv aus der Toskana reizte mich das schöne alte Gemäuer, das wie ein Märchenschloß rundum von üppigstem Grün bewachsen und eingebettet war. Ein nicht ganz leicht zu malendes Bild, aber es war einen Versuch wert.

Schritt 6 Nun noch mehr Pinselzeichnung in das Gras im Vordergrund, wobei darauf zu achten ist, daß nicht zu detailliert gearbeitet wird (also immer wieder mit dem Wasserpinsel etwas verwischen), damit nicht der Eindruck eines „gepflegten Rasens" entsteht. Mit ein paar Farbtupfern können Blumen angedeutet werden. Zum Schluß gab ich noch einigen Büschen und Bäumen sowie dem Weinstock ganz sparsam Stämme und Äste.

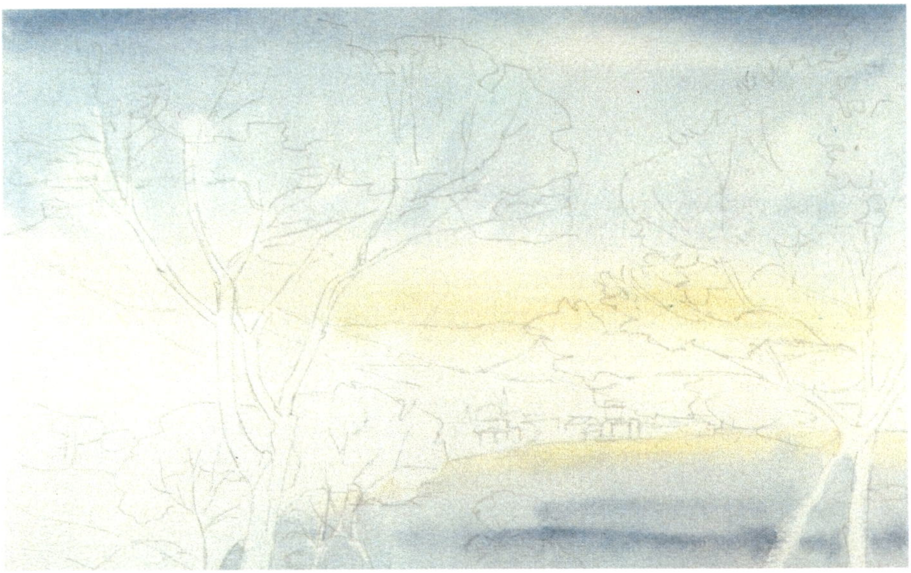

△1/2

Dieses Bild zeigt eine Ansicht am Mittelmeer im Süden von Frankreich. Besonders reizvoll zu malen sind hier die uralten Pinien, die dort die Landschaft prägen.

Schritt 1 und 2 Nach der Vorzeichnung mit Bleistift malte ich den Himmel in den stark angefeuchteten Untergrund mit Coelinblau, wobei die Farbe am oberen Bildrand intensiver, nach unten dünner aufgetragen wurde. Am Horizont ließ ich etwas Ocker einfließen. Ebenso wurde das Meer behandelt, nur daß hier umgekehrt mit der intensivsten Farbe am unteren Bildrand angefangen wurde.

▽3

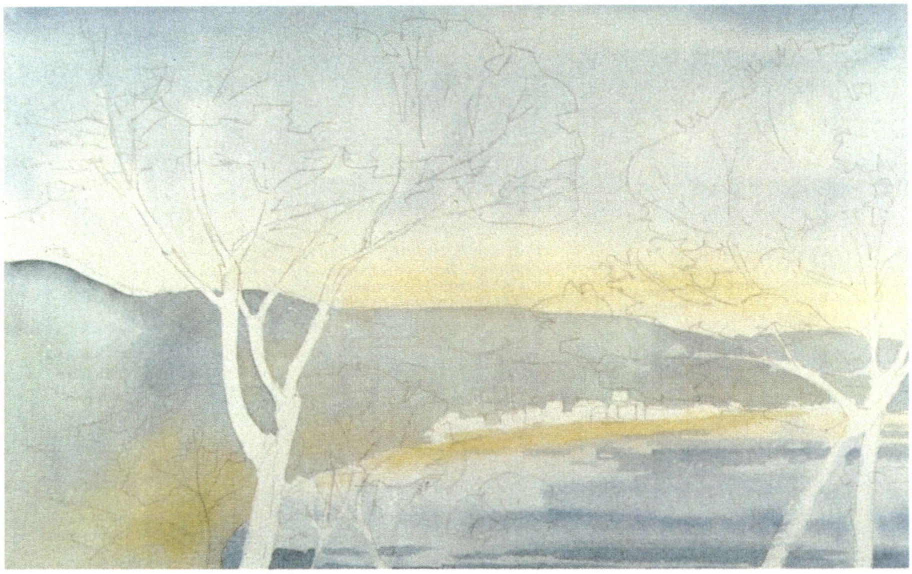

Schritt 3 Mit stark verdünntem Indigo und etwas Coelinblau habe ich jetzt die Hänge im Hintergrund angelegt, in Richtung zum Meer ließ ich Grün und Ocker einlaufen, und unterhalb des Dorfes deutete ich einen Streifen Sandstrand in Ocker an. Baumstämme und Äste sowie die weiße Häuserreihe blieben ausgespart. In die Wasserfläche malte ich noch etwas Spiegelung in Coelinblau und Indigo.

▽4

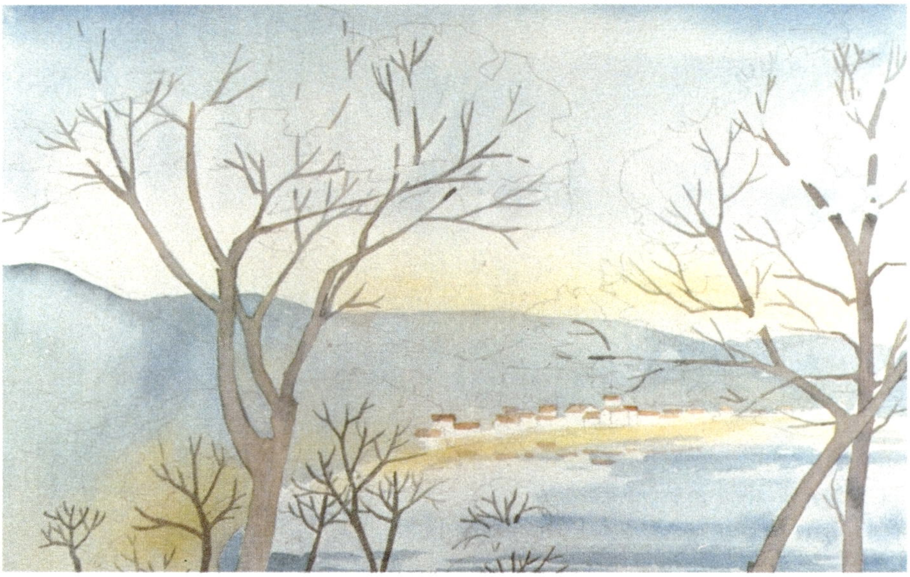

Schritt 4 Die Stämme der Pinien wurden in verschiedenen Grau- und Brauntönen gemalt (Ocker, Caput mortuum, Indigo). Die Dächer der Häuser wurden mit verdünntem Englischrot angedeutet.

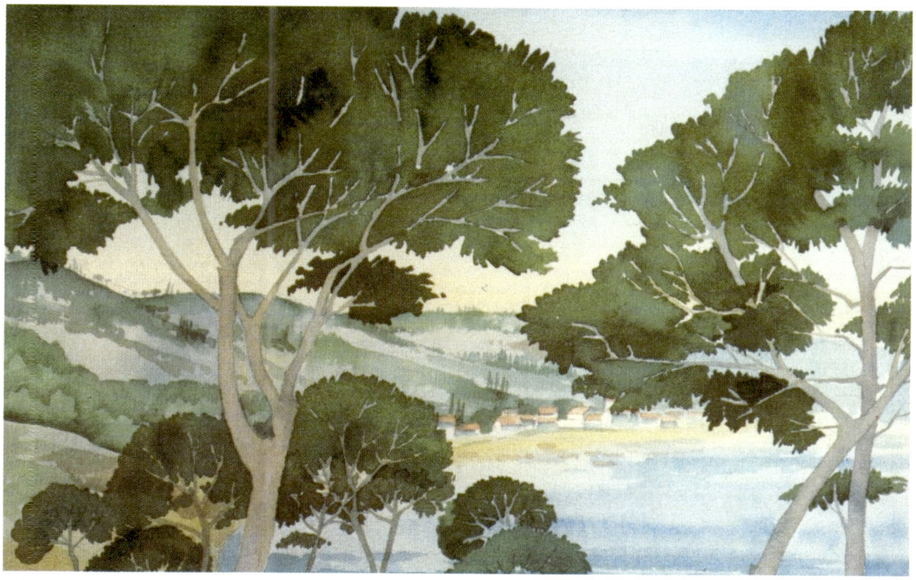

Schritt 5 Als nächstes habe ich mit Heliogen- und Saftgrün die bewachsenen Streifen in die Hänge gesetzt; nach vorn gab ich ein wenig Ocker und Englischrot dazu, um „wärmeres" Grün ins Bild zu bringen. Für die Kronen der Pinien nahm ich Grünmischungen aus Heliogengrün, Saftgrün und Olivgrün und zum Teil etwas Ocker. Dunkelheiten ließ ich gleich in die nasse Farbe einfließen. Äste und Stämme wurden teilweise ausgespart.

△5

▽6

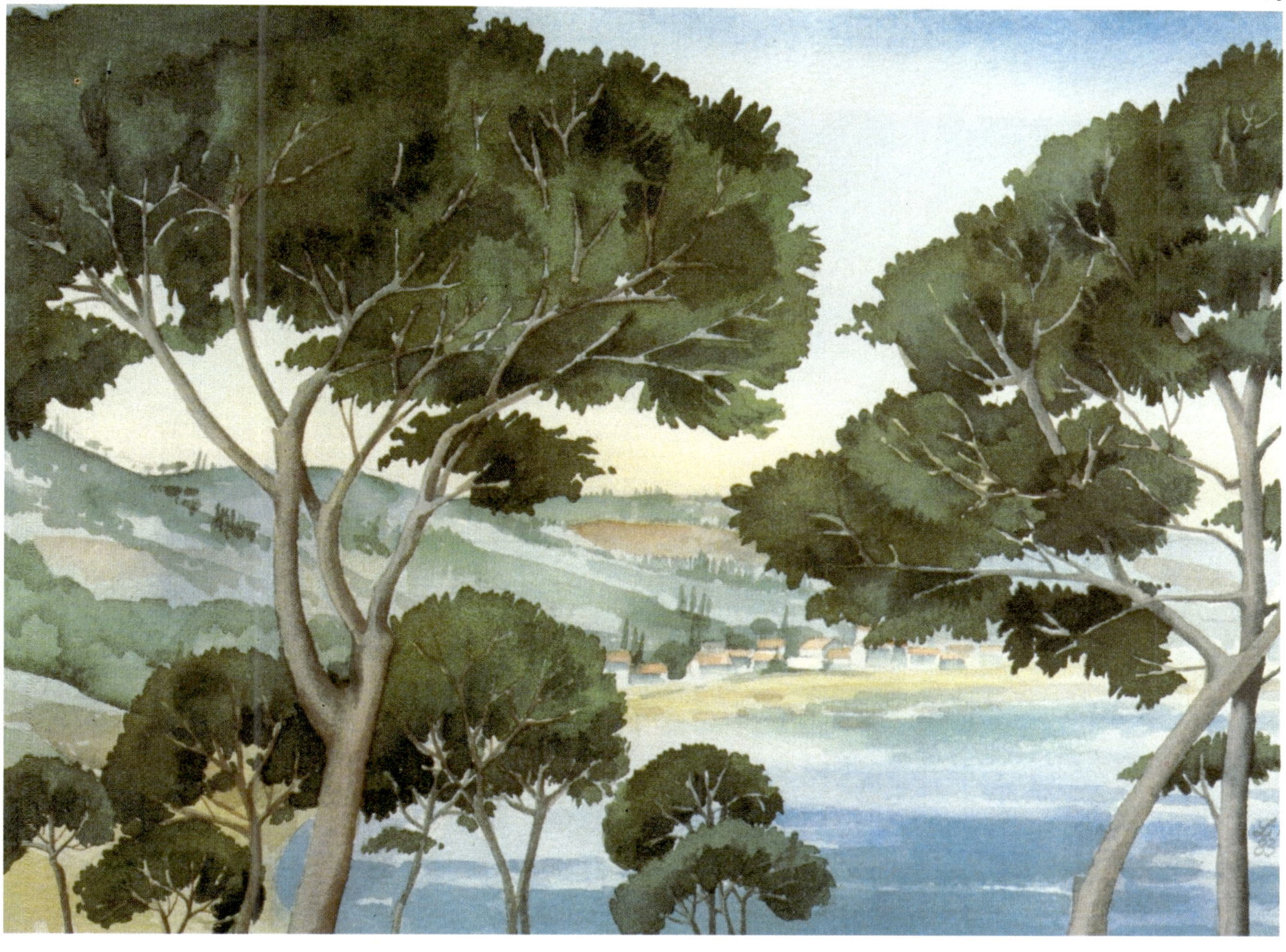

Schritt 6 Jetzt legte ich noch mehr Dunkelheit über den vorderen Teil des Meeres (mit Ultramarin). Sandstrand und Häuser am Ufer gegenüber bekamen mehr Farbe, und in die Hänge gab ich noch einige Effekte mit Englischrot. Die Schatten in den Baumkronen malte ich mit Indigo und Olivgrün, und an den Stämmen und Ästen betonte ich die lichtabgewandten Seiten mit Indigo und Caput mortuum. Ganz zum Schluß malte ich über die sonnenbeschienenen Partien der Baumkronen noch einen Hauch Ocker.

Wie schön ein angelegter Stadtpark mit seinem uralten und im Wuchs unbehinderten Baumbestand sein kann, zeigt dieses Herbstmotiv aus dem Englischen Garten in München.

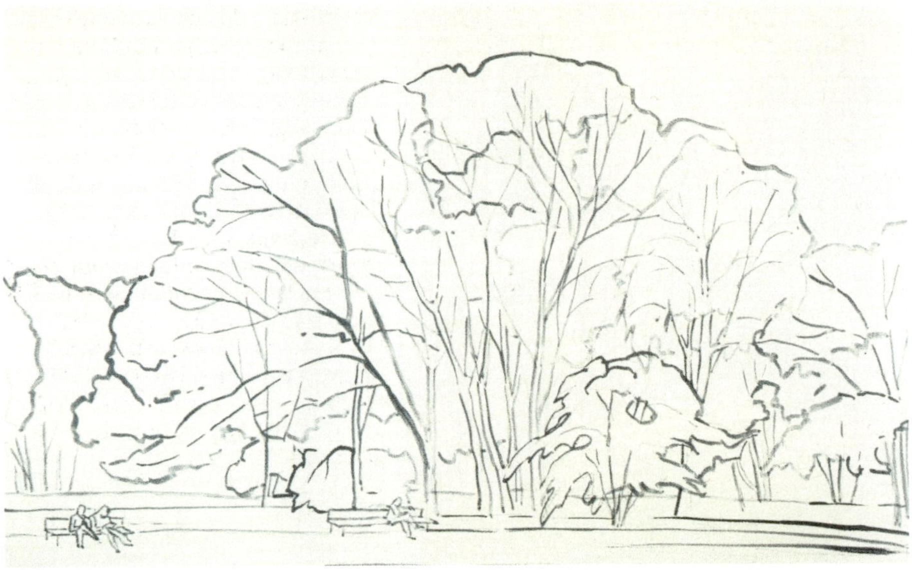

△1/2

Schritt 1 und 2 Zuerst zeichnete ich wieder das Motiv auf einem mit weißem Plaka grundierten Malkarton vor. Diese Zeichnung fixierte ich mit einer flotten Pinselskizze mit hellgrauem Plaka.

▽3

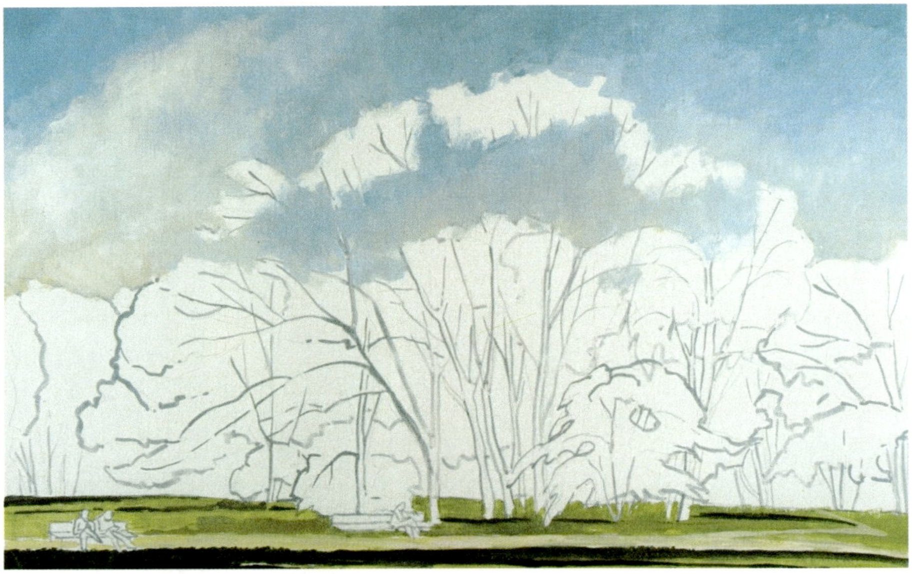

Schritt 3 Den Himmel legte ich mit Coelinblau, Weiß mit Ocker an, Wiese und Fußweg mit Olivgrün und Saftgrün sowie mit Ocker und Weiß.

▽4

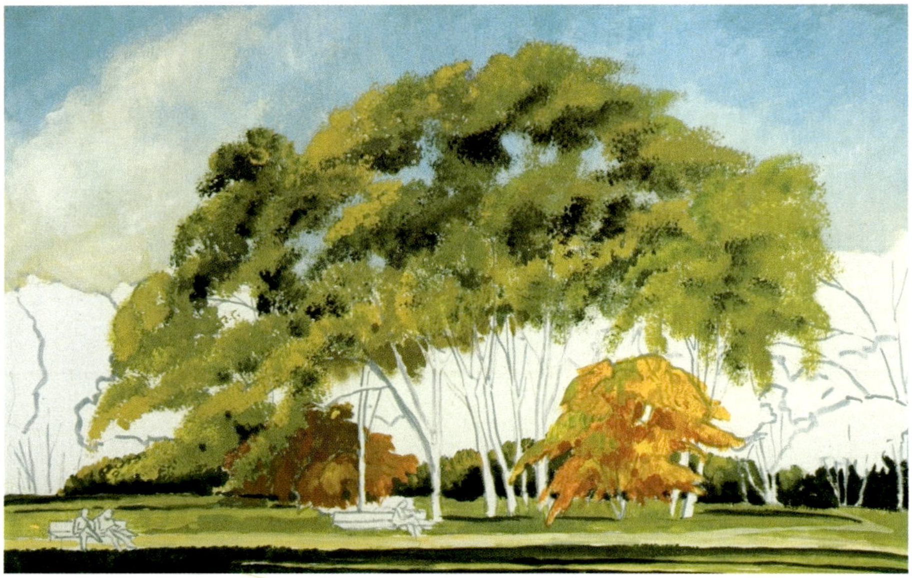

Schritt 4 Das Laub der großen Erlengruppe malte ich mit dem Stupfpinsel in Ocker mit Olivgrün und Zitronengelb. Die dunklen Laubpartien wurden gleich in die noch feuchte Farbe mit einem Gemisch aus Saftgrün, Echtgrün Oliv und Indigo gesetzt. Den kleinen herbstlichen Baum malte ich in Ocker, Zitronengelb und Englischrot, das Laub der Birke in Olivgrün mit Ocker und Zitronengelb. Hinter die Baumgruppe setzte ich noch eine Buschreihe in der gleichen Farbe, der ich noch etwas Indigo beimischte.

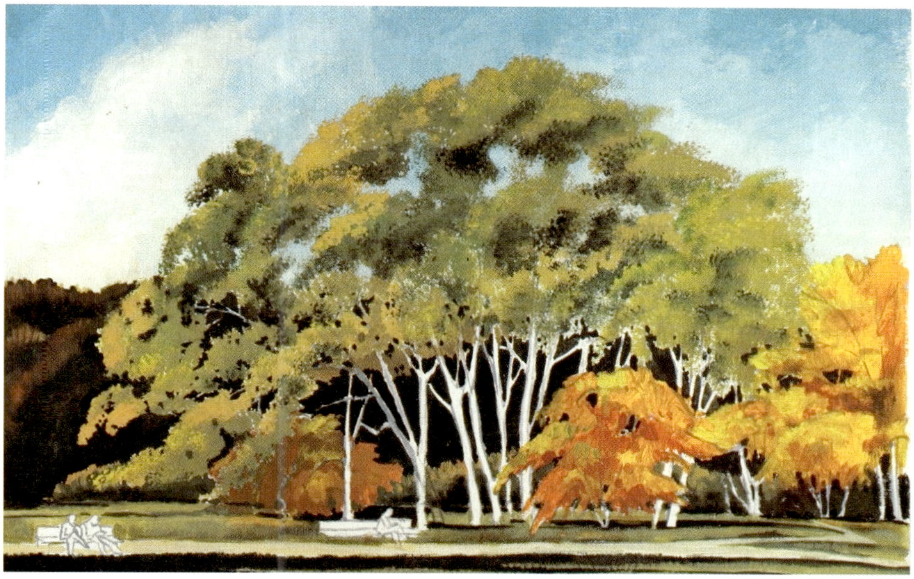

△5

Schritt 5 Als nächstes entstand der dunkle Waldstreifen hinter der Baumgruppe mit Saftgrün, Indigo und Englischrot. Laubkronen, Stämme und Äste der Baumgruppe im Vordergrund sparte ich aus, denn sie sollen hell vor dem dunklen Hintergrund stehen. Die kleinen Büsche und die Buche rechts im Bild wurden in Dunkelgelb mit Englischrot eingesetzt. Die Schattenstreifen in der Wiese bekamen eine senkrecht gemalte Struktur (Saftgrün mit Indigo) und die Wiese selbst noch mehr Helligkeit (Zitronengelb mit Ocker, Olivgrün und Weiß).

▽6

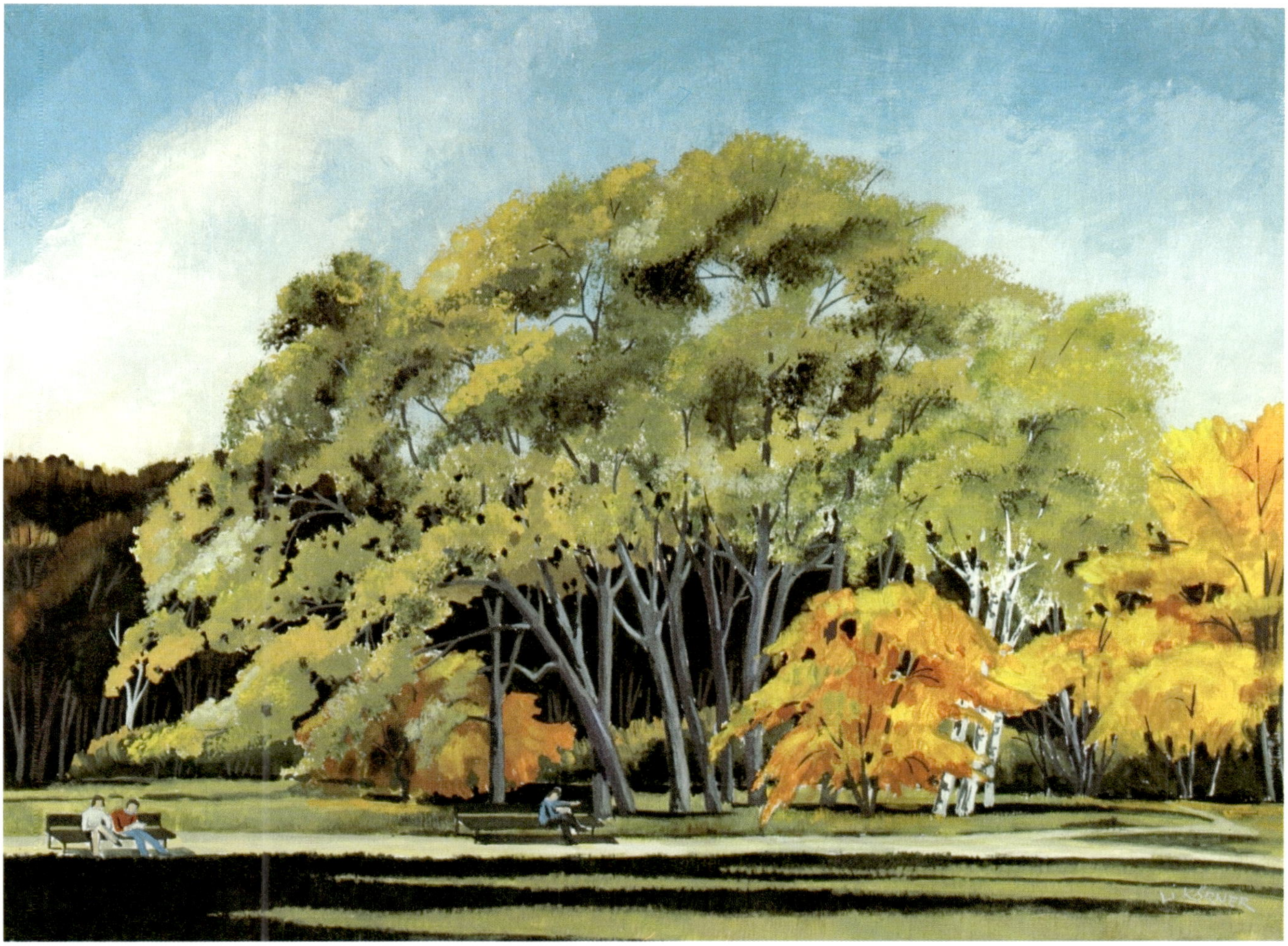

Schritt 6 Stämme und Äste wurden mit Sorgfalt gemalt, und hier zeigt sich wieder die Notwendigkeit einer guten Vorzeichnung, denn nur so ist es möglich, den von Laubpartien unterbrochenen Verlauf der Stämme und Äste zu verfolgen und fortzusetzen.

Zum Abschluß wurden noch mal Helligkeiten mit Zitronengelb, Ocker, Weiß und Saftgrün auf die sonnenbeschienenen Laubteile gesetzt und die Parkbänke ganz flächig gemalt. Wenn man will, kann man ein paar Personen als Farbtupfer ins Bild bringen.

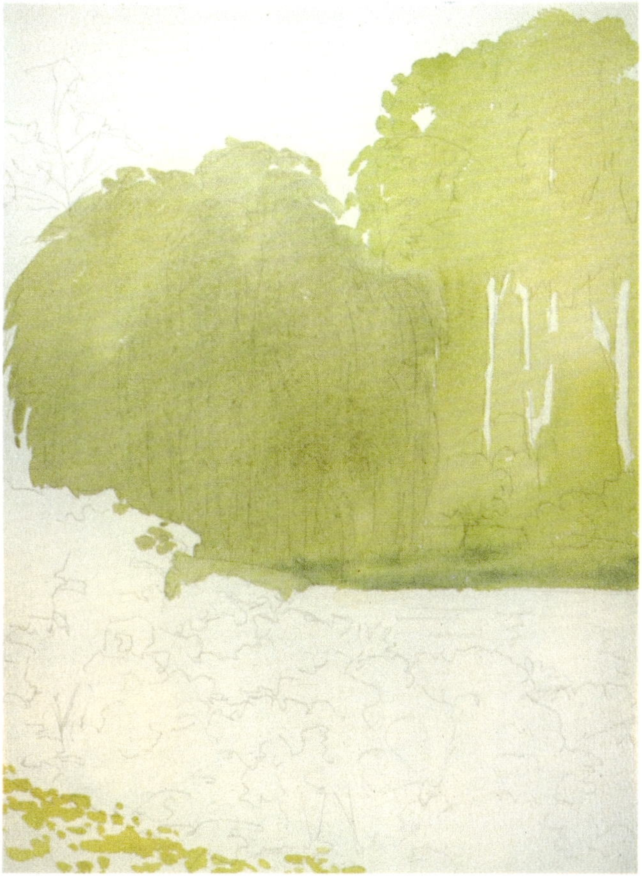

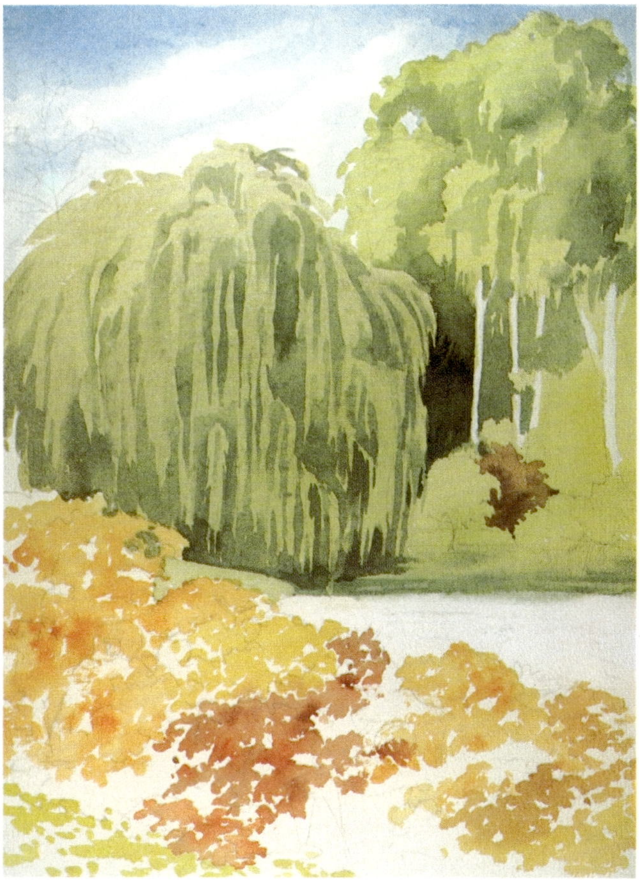

△ 1/2

△3

▽4

▽5

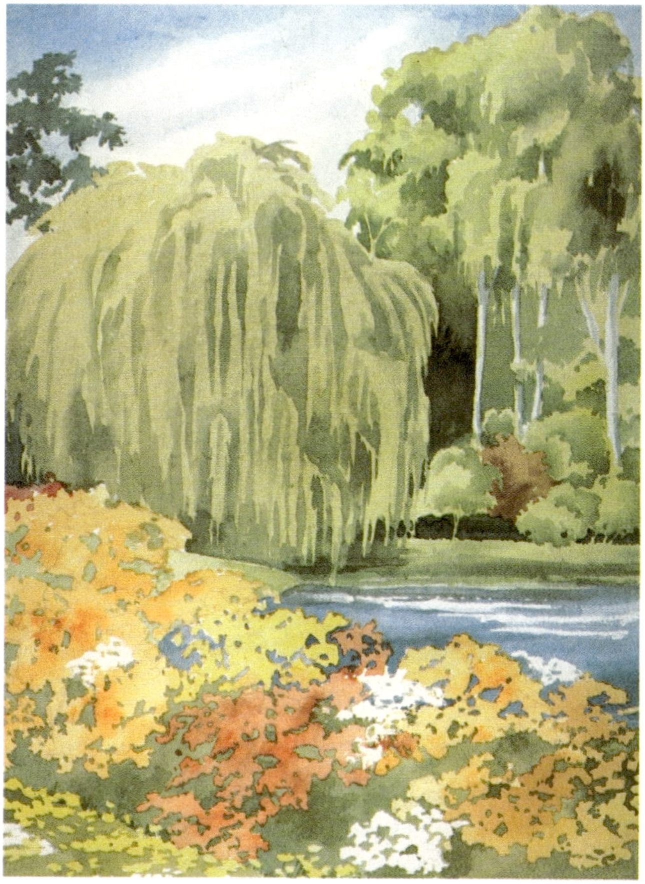

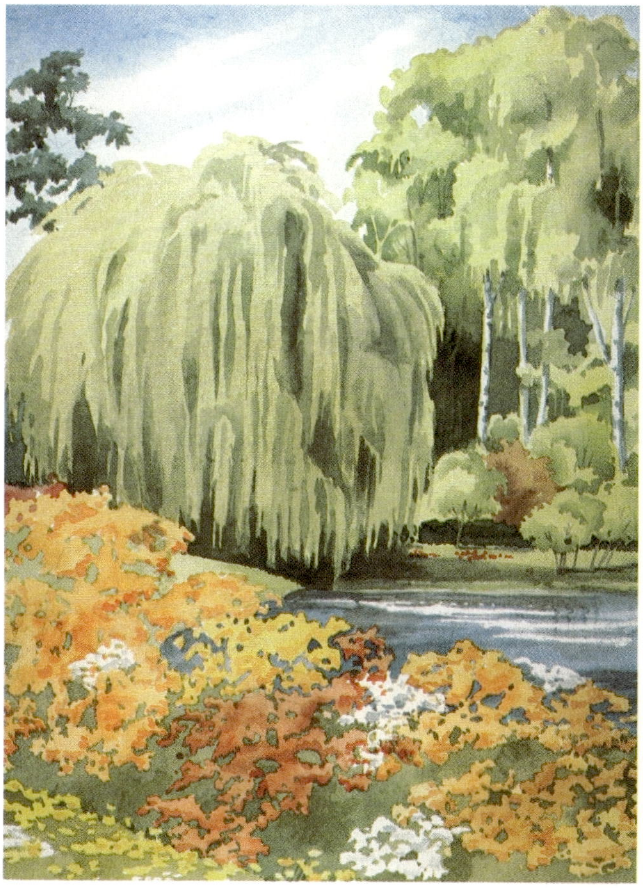

Schritt 1 und 2 Nach der Zeichnung wurden Bäume und Wiesen in verschiedenen Grüntönen lasiert, die Birken in einer Mischung aus Hookersgrün mit Ocker und Zitronengelb, ebenso die Wiese, in die ich am Uferrand zum kleinen See ein dunkleres Grün einfließen ließ. Die Trauerweide lasierte ich mit gemischtem Saftgrün und Ocker. In der Wiese links im Vordergrund wurden mit Tupfern von Zitronengelb und Echt Gelb dunkel gelbe Blumen angedeutet.

Schritt 3 Jetzt legte ich die ersten Schatten in die Trauerweide (Indigo, Olivgrün, Englischrot und Ocker), die strähnigen Zweige wurden ausgespart. Vor die Birken malte ich eine junge Rotbuche, um das viele Grün aufzulockern, und in das Laub der Birkengruppe kam Schatten mit Indigo plus Ocker plus Hookersgrün. Hinter die Bäume ein blaßblauer Himmel mit Coelinblau. Und nun noch die Hauptsache des Bildes, die blühenden Rhododendren und Azaleen im Vordergrund, die ich mit warmem Dunkelgelb über Gelb/Orange bis Englischrot und Zitronengelb grundierte. Weiße Blüten wurden ausgespart.

Schritt 4 Nun kam eine Phase, die etwas Sorgfalt und Geduld erforderte. Die farbigen Büsche der Azaleen wurden mit Hookersgrün mit Ocker und etwas Englischrot ummalt. Der Weiher wurde mit Indigo und Coelinblau angelegt, wobei die Blütendolden ausgespart blieben. Die Bäume rechts bekamen Schatten, ebenso das Birkenlaub. Hinter die Weide stellte ich eine Kiefer (Olivgrün mit Indigo) und in der gleichen Farbe eine Buchsbaumhecke hinter die kleine Baumgruppe rechts.

Schritt 5 Um die Farbenpracht der Azaleen zu betonen, malte ich Schatten in die Blütenbüschel. In die gelben mit Echtgelb/Orange, in die orangefarbenen mit Zinnober/Orange, in die weißen mit verdünntem Indigo, in die rostfarbigen mit Zinnober/Englischrot.
Die Kiefer oberhalb der Weide bekam Dunkelheiten mit Indigo und Olivgrün, die Trauerweide tiefes Grün unter die hängenden Zweige. In die Stämme der Birken malte ich mit Indigo die Zeichnung, die kleinen Bäume davor bekamen ihre Stämme mit stark verdünntem Indigo, gemischt mit Englischrot. In den See kam noch Indigo.

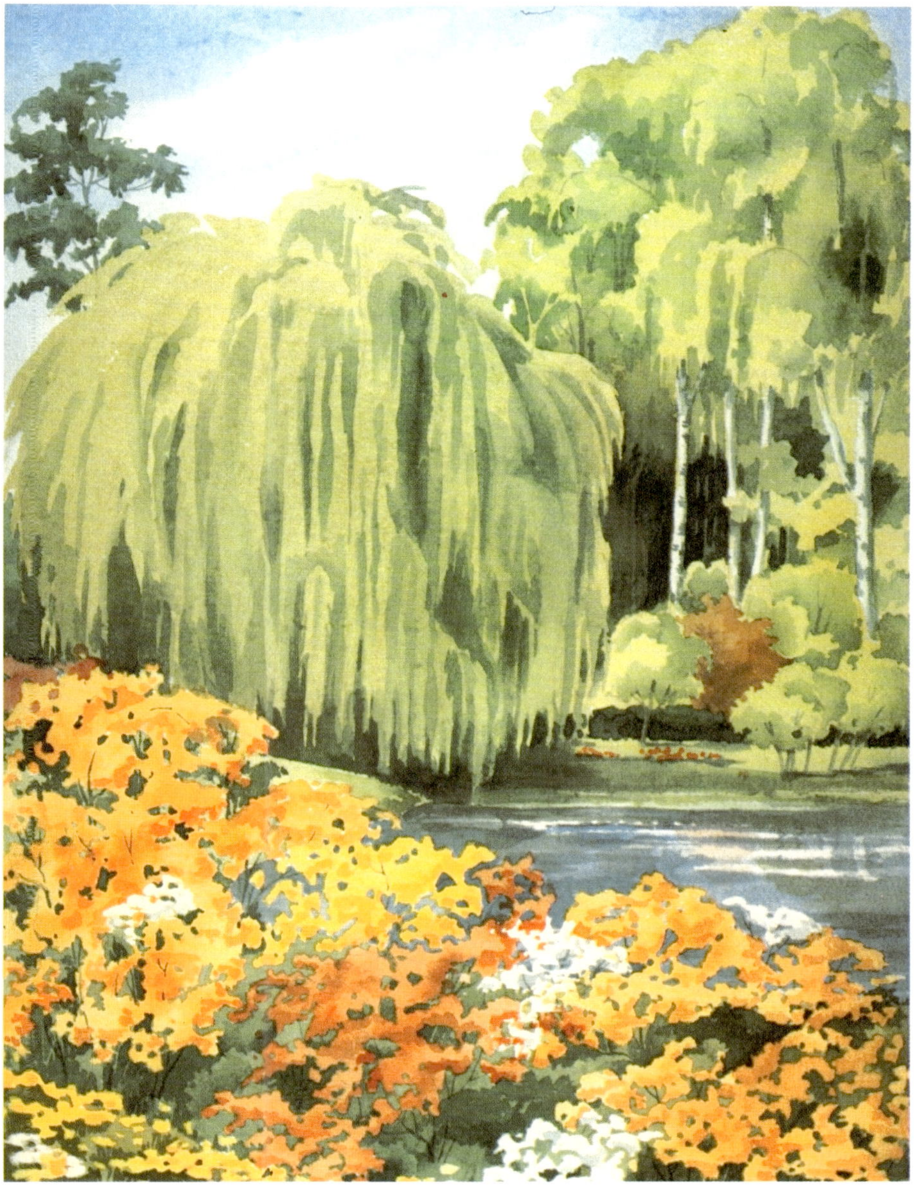

6▷

Hier wurde ein Stück Natur nachgestaltet, das mich zum Malen geradezu aufforderte. Die Rhododendren standen in voller Blüte, Birken und die Trauerweide zeigten sich im frischen Maigrün. Eine Gelegenheit, sich in Farbe „auszutoben".

Schritt 6 Zum Schluß noch die Zweige der Kiefer hinter der Trauerweide mit Indigo und noch Tiefen zwischen die Birkenstämme (Indigo und Olivgrün). Dazu einige Spiegelungen ins Wasser und noch mal Englischrot in die Rotbuche. Mit Dunkelgrün wurden die Azaleenblüten ummalt und dadurch hervorgehoben und ein paar Äste und Stämme dazwischengemalt (Indigo).

△1/2 ▽4

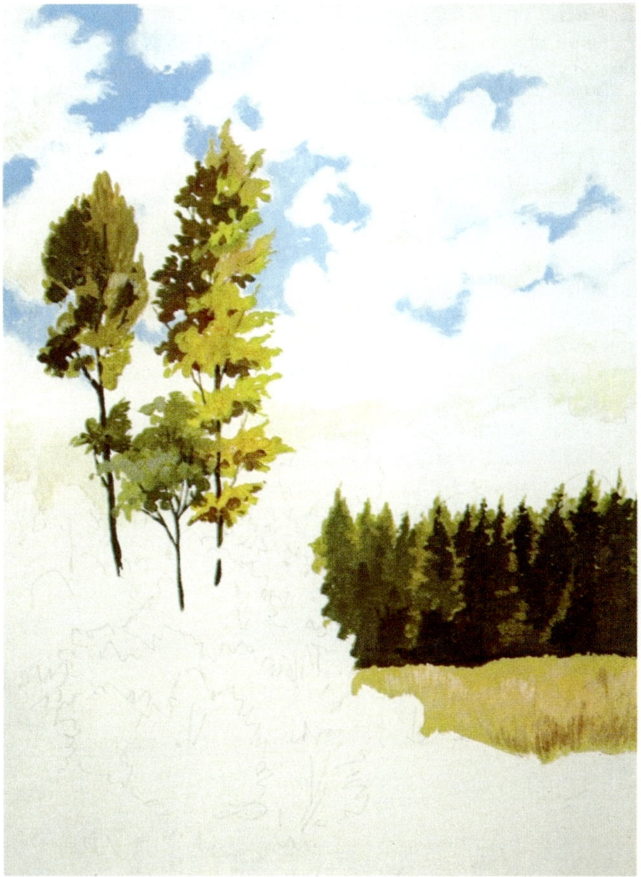

△3

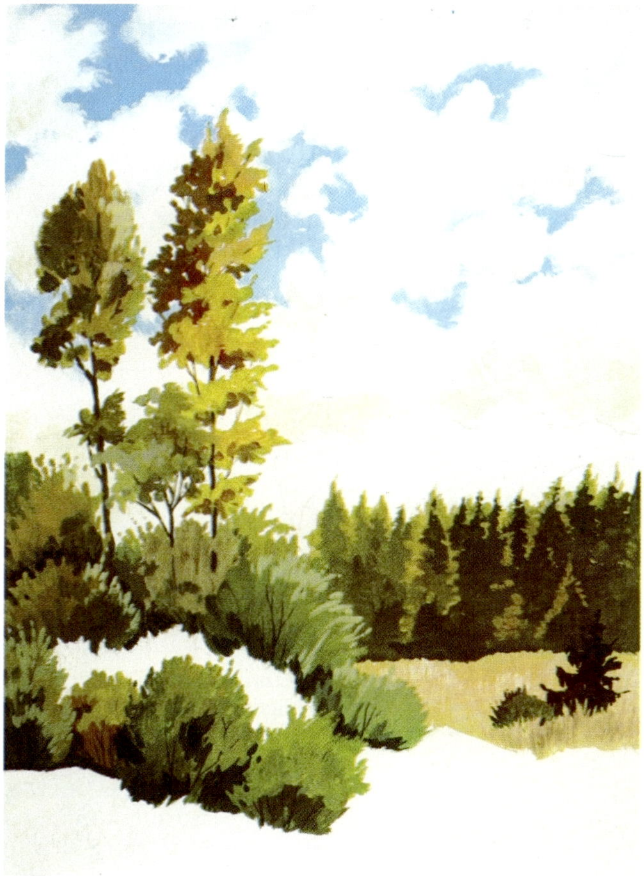

Dieses Bild zeigt einen Waldrand mit Laub- und Nadelbäumen und Sträuchern, darüber einen bewegten Wolkenhimmel.

Schritt 1 und 2 Diesmal skizzierte ich nur mit einem weichen 4 B-Bleistift auf einem weiß grundierten Malkarton.
Dann malte ich mit einer Mischung aus Kobaltblau und Weiß die tiefblauen Flecken im Himmel, anschließend in die noch feuchte Farbe pastos (dick aufgetragen) die weißen Wolken. Die Übergänge zum Blau wischte ich mit fast trockenem Borstenpinsel, so daß die feinen Verläufe entstanden. In den unteren Teil des Himmels kam ein Hauch von Gelb und Ocker.

Schritt 3 Nun habe ich die hochstämmigen Bäume in den Himmel gemalt (mit Ocker, Olivgrün und Weiß); die Schatten, Stämme und Äste sind mit Indigo und Caput mortuum ausgeführt.

Schritt 4 Jetzt kamen die Wiesen zwischen den Bäumen und Sträuchern in verschiedensten Grüntönen an die Reihe. Nach vorn zu wurden die Farben intensiver (Ocker, Weiß, Englischrot, Olivgrün und Zitronengelb), wobei ich gleich in senkrechter Pinselführung arbeitete, um schon beim Grundieren die Struktur des Grases anzudeuten.

Schritt 5 Dies war die schwierigste Phase, aber damit bekam das Bild sein „Gesicht". Am Fuß um die hohe Baumgruppe habe ich Büsche in verschiedenen Grüntönen gruppiert (Zitronengelb mit Ocker, Saftgrün, Englischrot und Olivgrün). In die sonnenbeschienenen Spitzen der Sträucher mischte ich Weiß nach unten und Indigo in die Schattenseiten. In die Wiese rechts setzte ich noch einen Busch und eine kleine Fichte.

Zum Schluß malte ich ganz flott die Wiese im Vordergrund (Ocker, Olivgrün mit Weiß) und setzte ein paar Pflanzen, hohe Gräser und Blumen skizzenhaft dazwischen. Als letztes kam noch der hohe Wald hinter die Lärchengruppe rechts im Bild (Saftgrün mit Indigo und Englischrot, was ich in die Spitzen etwas intensiver legte).

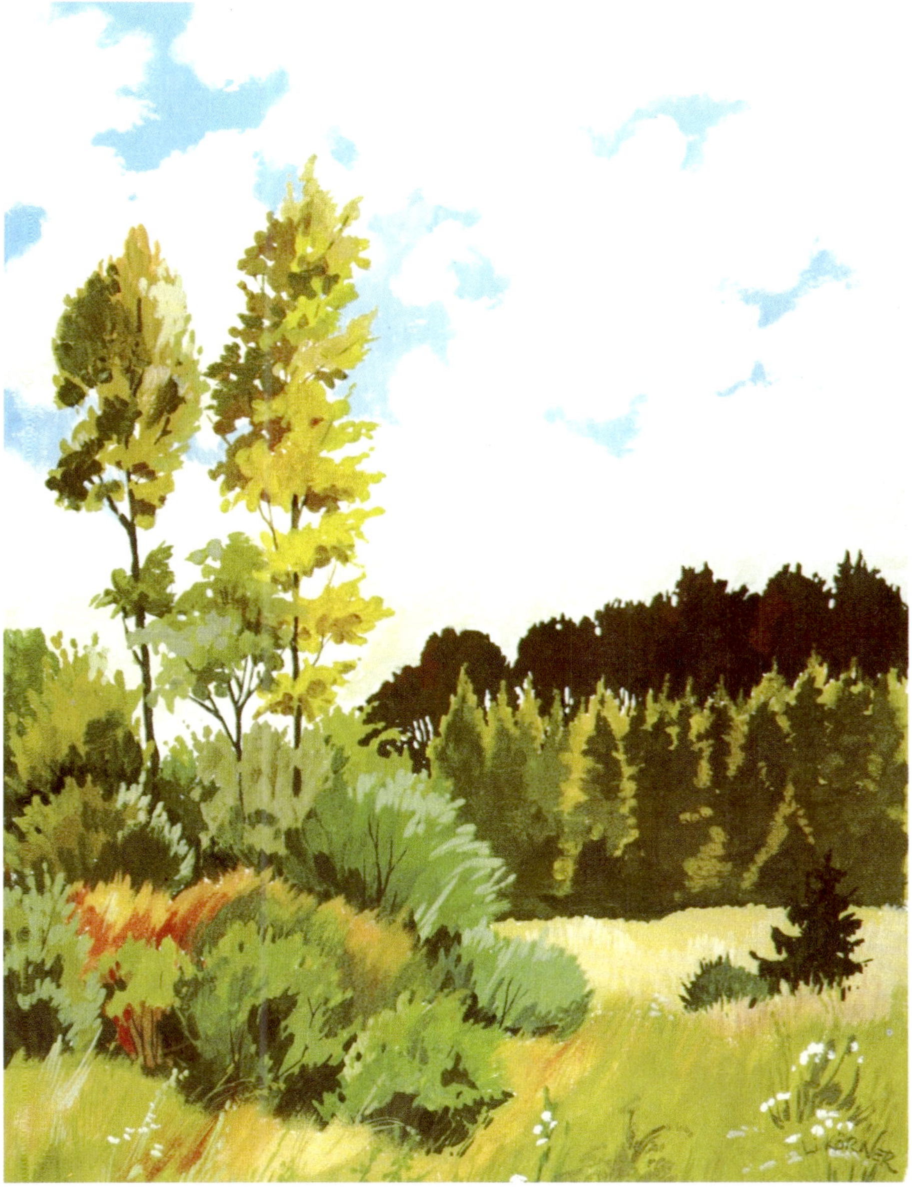

5▷

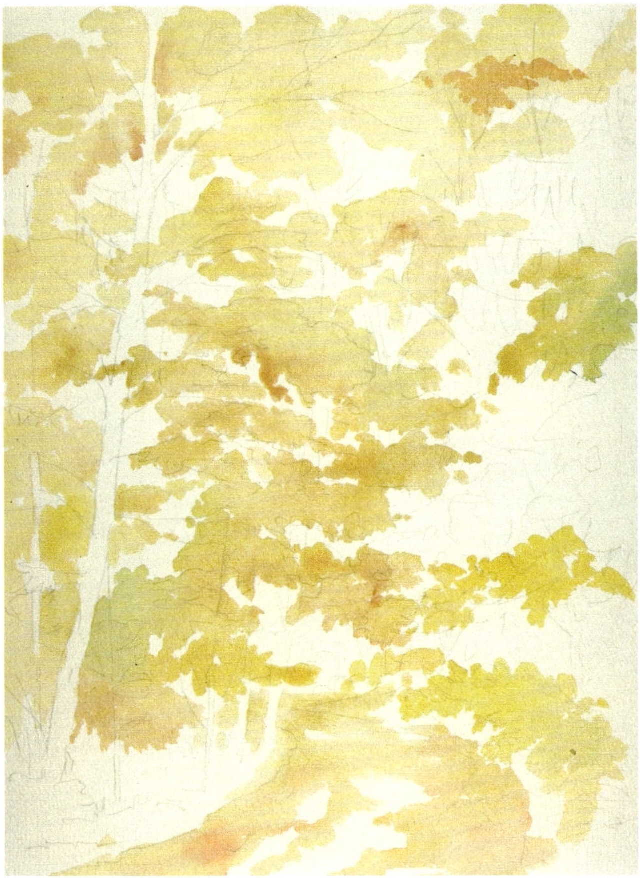

△1/2

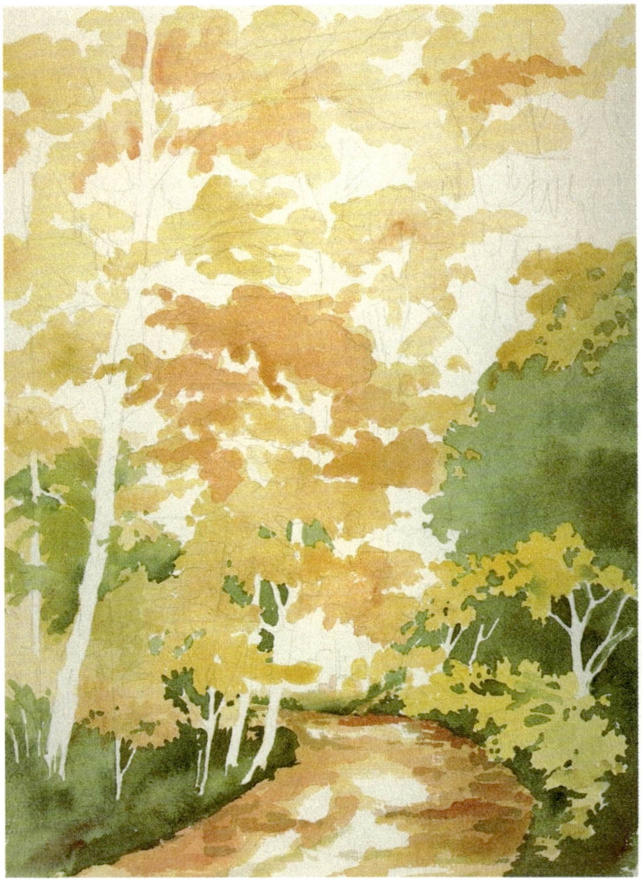

△3

▽4

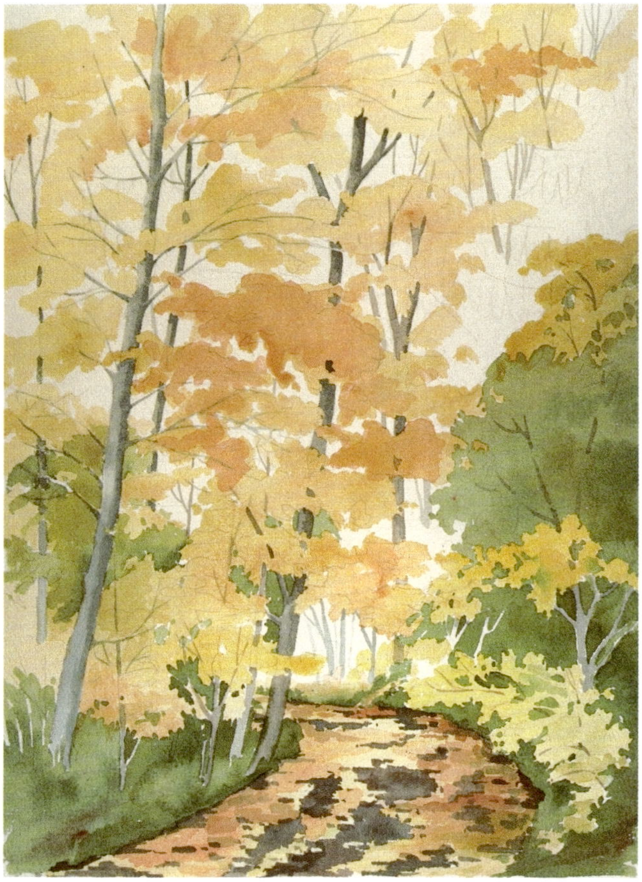

▽5

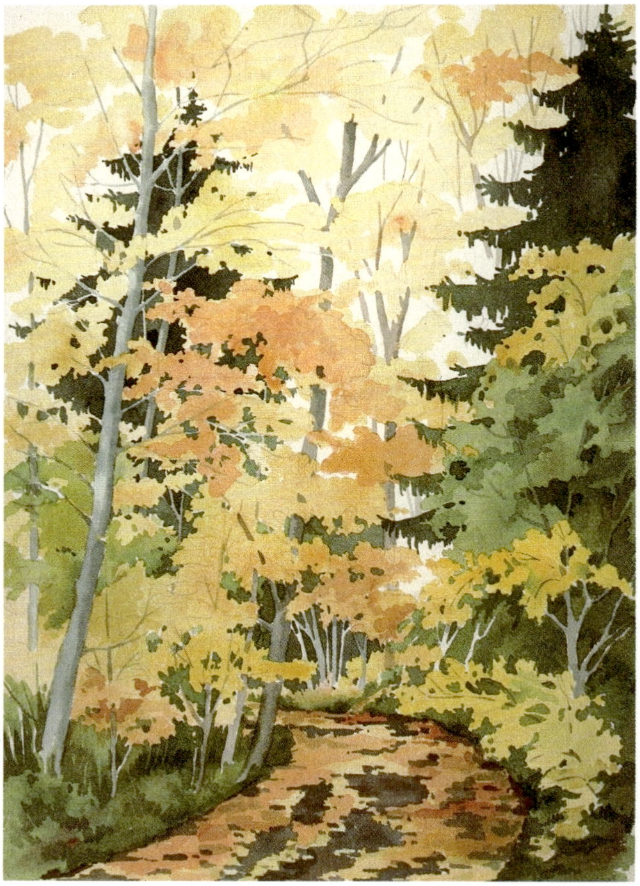

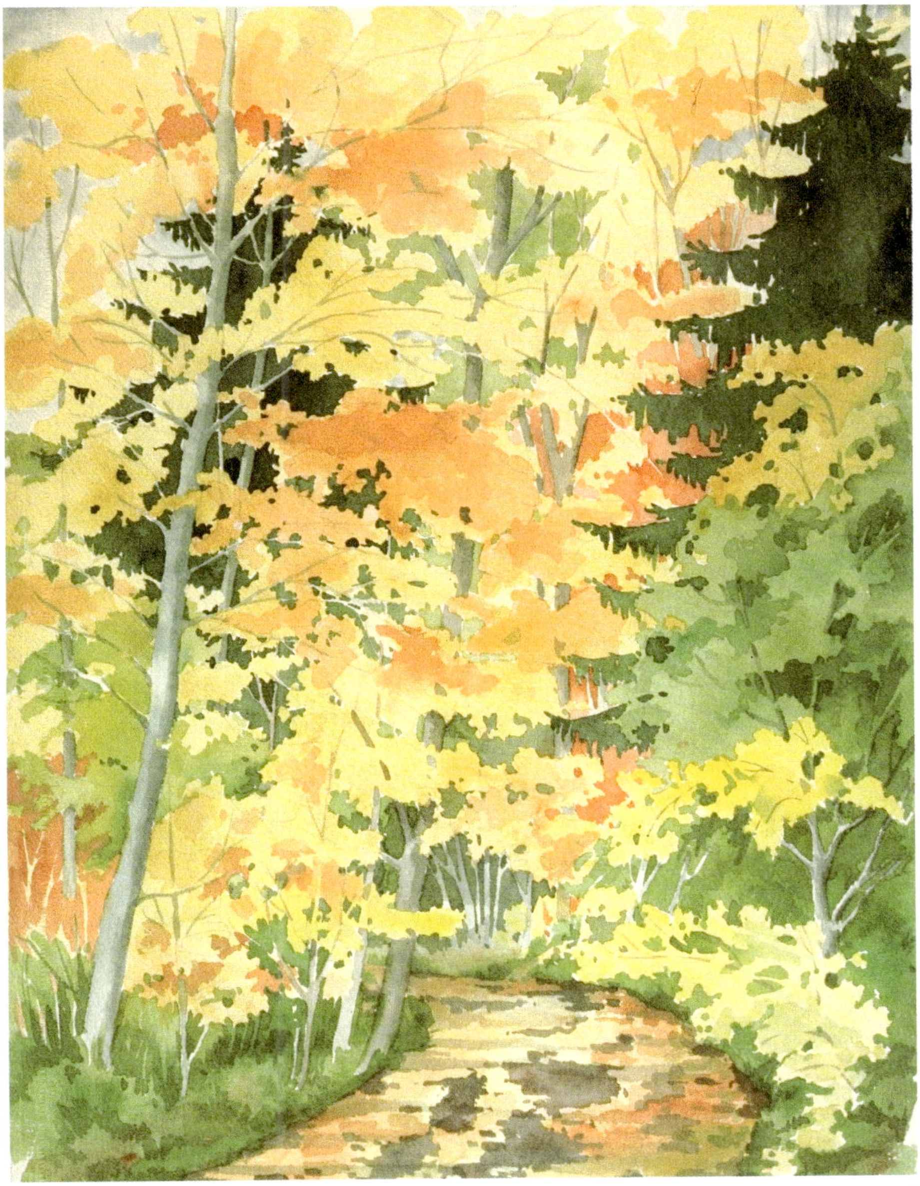

△6

Für dieses Bildbeispiel wählte ich einen Fußweg durch einen herbstlichen Mischwald. Das Laub ist bereits zum Teil abgefallen und bedeckt den dunklen Weg. Bei diesem Motiv soll besonders das „Aussparen" geübt werden.

Schritt 1 und 2 Nach der Vorzeichnung wurden in verschiedenen Gelbtönen die Baumkronen und das abgefallene Laub am Boden gemalt (Ocker mit Zitronengelb und Orange und etwas Englischrot).

Schritt 3 In die gelben Laubbündel der Buchen wurden Dunkelheiten mit Englischrot und Ocker gemalt. Die noch grünen Bäume rechts im Bild grundierte ich mit verdünntem Olivgrün und Ocker, ebenso den Wegrand links. In die feuchte Farbe ließ ich intensiveres Grün (Saftgrün) einlaufen. Das abgefallene Laub auf dem Weg bekam noch etwas mehr Farbe (Englischrot mit Caput mortuum).

Schritt 4 Nun malte ich die Stämme und Äste der Buchen links im Bild in einem Grauton aus Indigo plus Ocker; bei den Bäumen rechts und im Hintergrund nahm ich Indigo und ganz wenig Englischrot. Zwischen das abgefallene Laub auf dem Weg kam Erdfarbe: Caput mortuum mit Indigo.

Schritt 5 Rechts und links vom Weg wurden jetzt Dunkelheiten (Indigo mit Saftgrün) und in den Laubbäumen rechts Schatten gemalt (Indigo mit Olivgrün). Dann wurden die Nadelbäume in Indigo mit Olivgrün hinter die Baumgruppe gesetzt. Laubbündel, Äste und Stämme sind wieder ausgespart. Nun kam noch etwas Englischrot hinter Büsche und Bäume und Olivgrün hinter das gelbe Herbstlaub in der Mitte des Bildes.

Schritt 6 Zum Abschluß wurden noch einige Zweige und Stämme dunkler gemalt (Indigo mit Caput mortuum) und mit Englischrot abgefallenes Laub auch in den Grasrändern am Weg angedeutet sowie der Himmel mit Coelinblau hinter die hohen Bäume gesetzt. Dann noch einen Hauch Indigo an das Ende des Weges und auf die Schattenseiten der hellen Stämme.

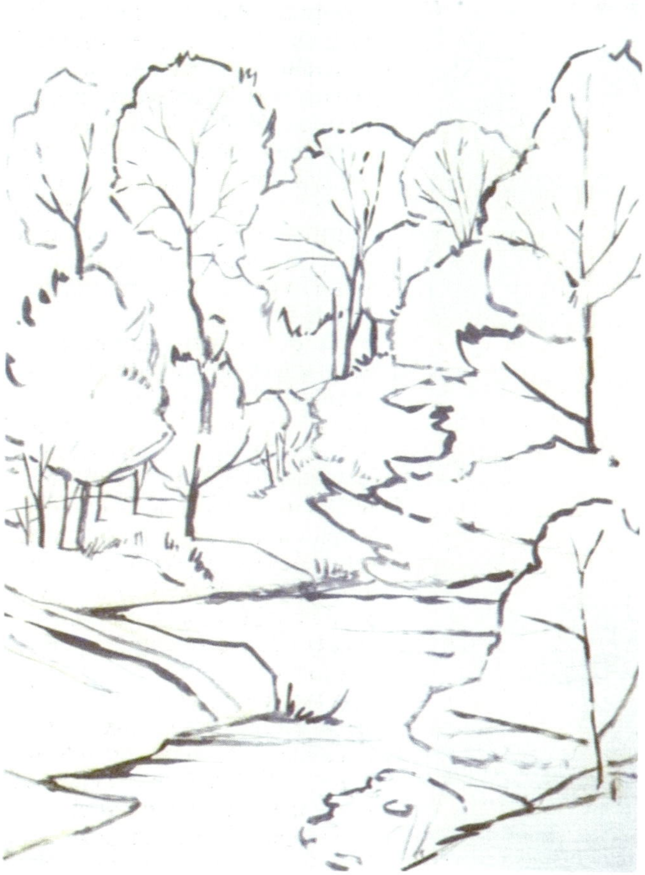

△1

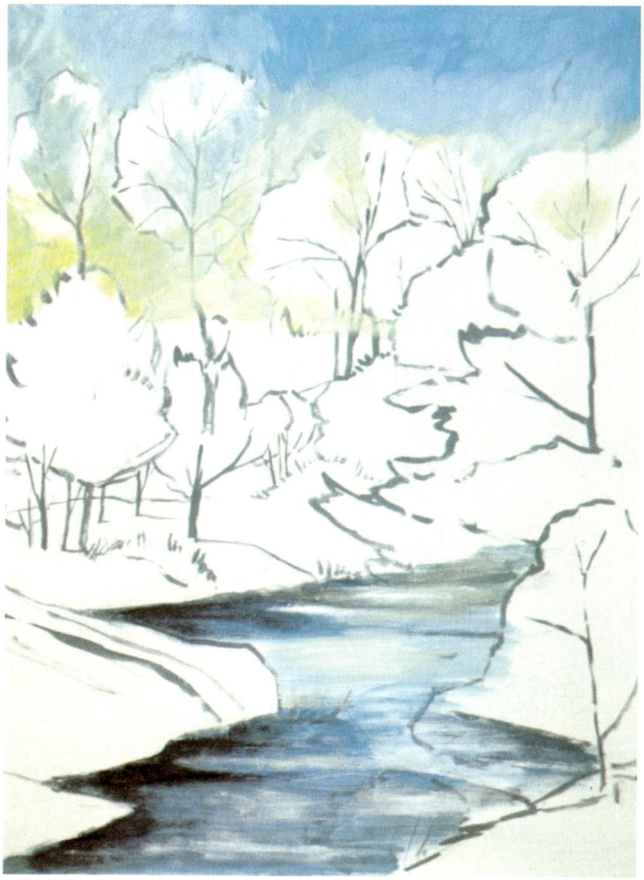

△2

▽3

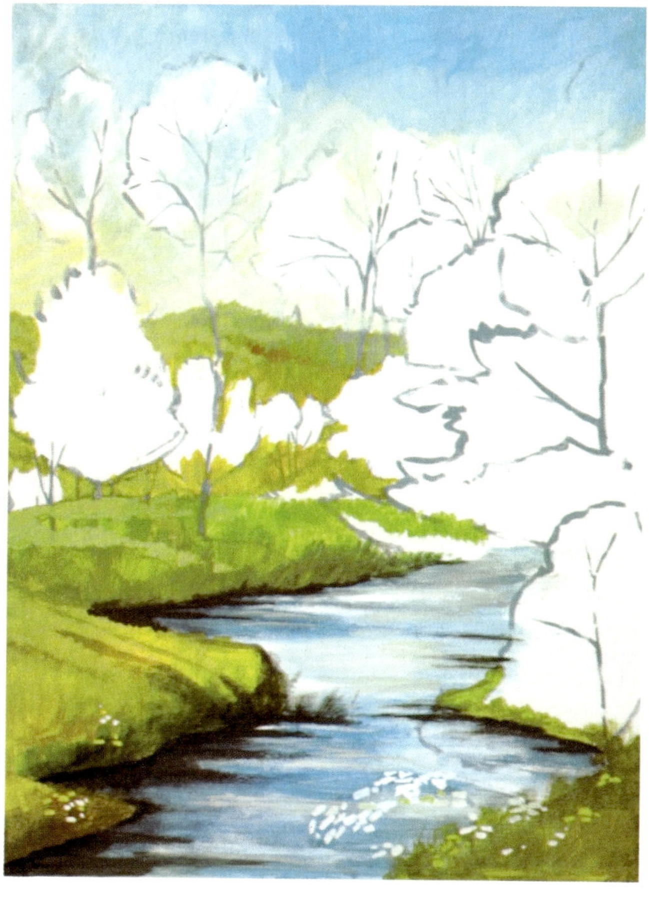

▽4

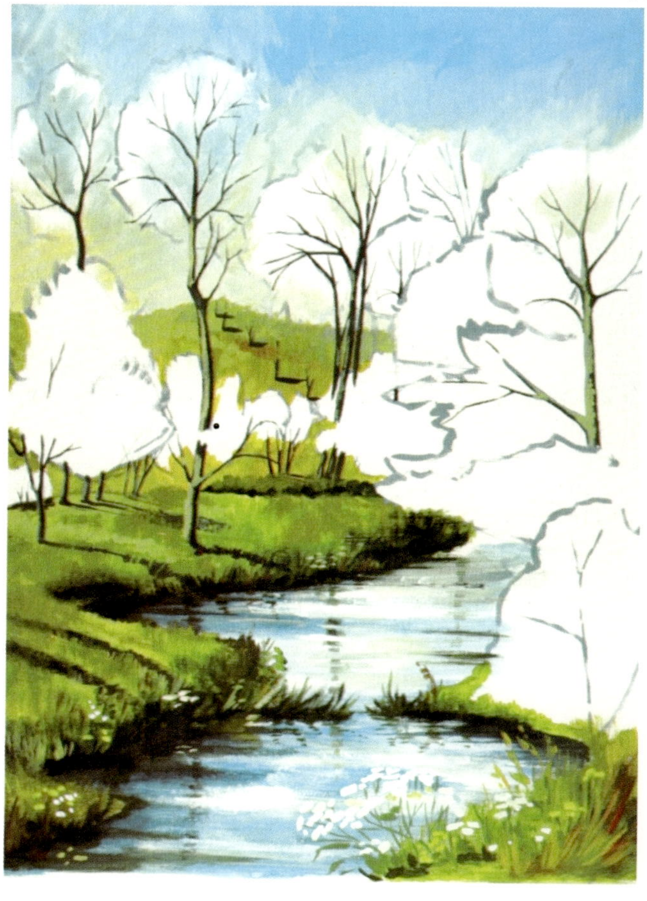

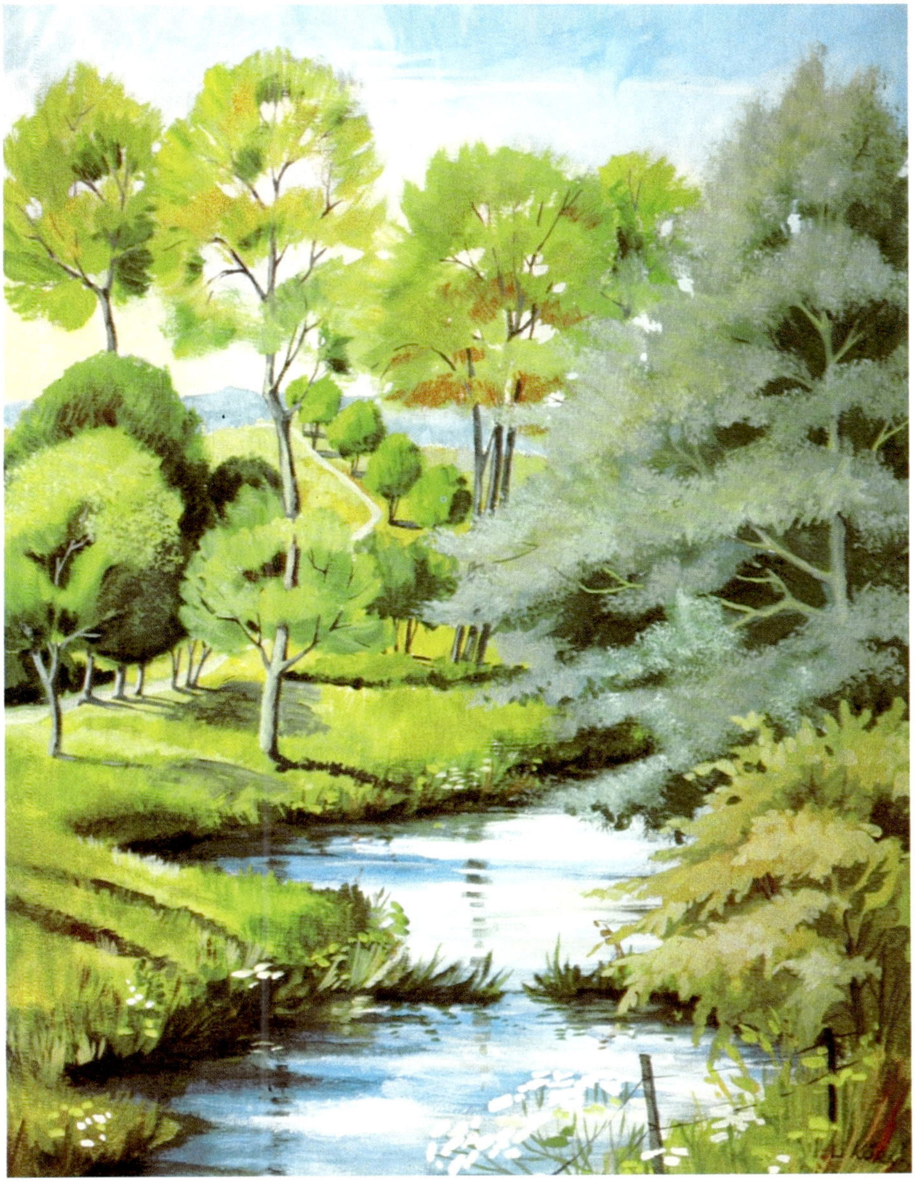

Schritt 5 Zum Schluß das Wichtigste: das Laub. Ich benutzte bei diesem Motiv verschiedene Techniken. Bei den hochstämmigen Bäumen, links im Bild, malte ich mit ziemlich trockenem Pinsel in rascher Strichführung. Die Farbe „wischte" ich nach außen, um so den „federigen" Eindruck zu erzielen (Ocker mit Weiß, Oliv- und Saftgrün und ein wenig Englischrot).
Die Bäume im Hintergrund wurden flächig angelegt, auf der Schattenseite gleich in die feuchte Farbe mit Saftgrün und Indigo Dunkelheit und die lichten Partien mit Ocker plus Zitronengelb angedeutet. Den großen Baum rechts, eine Weide, stupfte ich mit Coelinblau mit Saftgrün und Weiß, und den Busch rechts malte ich mit Olivgrün plus Ocker und Weiß. In die Dunkelheit kam etwas Saftgrün mit Indigo.
Als letztes ging ich noch mal über Stämme und Zweige und malte noch einen abschließenden Berghang in Coelinblau mit viel Weiß und ein wenig Olivgrün hinter Wiese und Bäume. Ein paar Zaunpfähle im Vordergrund betonen die Perspektive.

◁5

Schritt 1 Eine lockere Bleistiftzeichnung auf einem mit weißem Plaka grundierten Malkarton fixierte ich mit vedünntem grauen Plaka, um zu verhindern, daß die Bleistiftzeichnung unter der deckenden Temperafarbe verschwindet.

Schritt 2 Den durchsichtigen, fast türkis schimmernden Frühlingshimmel legte ich mit ziemlich dünner Farbe in einer Mischung Türkis mit Weiß und Ocker an und ging damit auch hinter die noch fast unbelaubten Bäume. Das Bächlein malte ich in der gleichen Farbe. Mit Weiß setzte ich Lichter auf und mit Indigo Schatten in die Uferstreifen.

Schritt 3 Als nächstes legte ich die Wiesen an. Wie schon früher erwähnt, tendiert die Farbe im Hintergrund mehr ins Blau, während sie nach vorn wärmer wird, d. h., es wird mehr Ocker ins Grün gemischt. Die Strichführung des fast trockenen Borstenpinsels ist dabei senkrecht, um damit gleich „Gras" darzustellen. In waagerechter Pinselführung kommen noch mal einige weiße Lichter und mit Indigo Schatten auf die Wasserfläche. In den Bildvordergrund setzte ich mit Weiß einige Blüten.

Schritt 4 Jetzt wurden Stämme und Äste angedeutet (Indigo und eine Mischung aus Weiß und Ocker) und dann an den Uferrändern Pflanzen und Blumen flott skizziert.

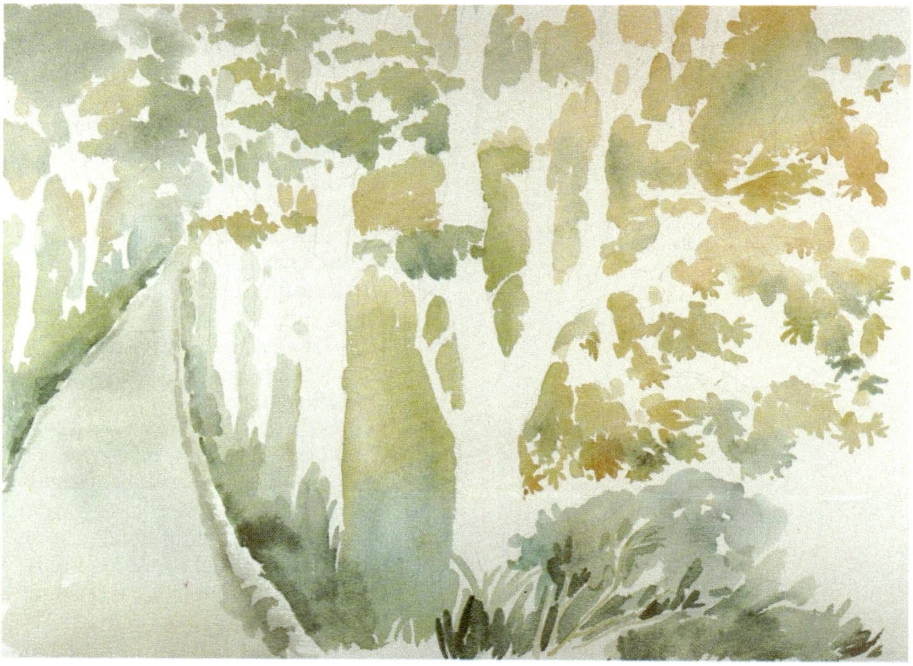

△1/2

Schritt 1 und 2 Nach der bei diesem Bild wichtigen Bleistiftvorzeichnung wurde das Laub zwischen die ausgesparten Stämme und größeren Äste in verschiedenen Grüntönen Naß in Naß gemalt (mit Hookersgrün, Saftgrün und Ocker). Im rechten Vordergrund wurde auch Heliogengrün verwendet. Bei den Laubpartien, die dem Auge am nächsten liegen, habe ich Kastanienblätter angedeutet.
Die Straße wurde mit einer hauchdünnen Mischung Ocker mit Indigo lasiert, die Straßenränder in der gleichen, aber etwas intensiveren Farbe betont.

▽3

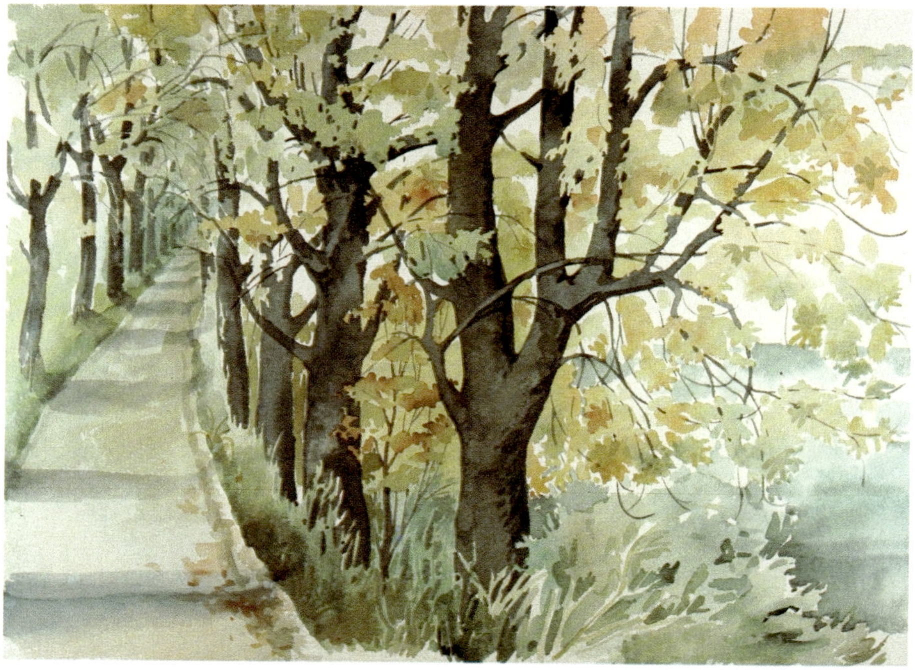

Schritt 3 Als erstes habe ich das Laub des kleinen Bäumchens zwischen den Kastanien mit Ocker und Englischrot gemalt. Dann die Baumstämme links im Bild von hinten nach vorn, wobei die Farbe im Vordergrund stärker wurde (aus einer Mischung Indigo mit Caput mortuum). Mit diesem Ton wurde auch der Schlagschatten auf der Straße angelegt. In der gleichen Farbkombination, nur etwas kräftiger, wurden auch die Stämme, Äste und Zweige der rechten Alleebäume gearbeitet, wobei Laubgruppen zum Teil ausgespart wurden.
In die noch feuchte Grundierung der Stämme und großen Äste wurde gleich auf der Schattenseite dunklere und intensivere Farbe gelegt. In die Laubpartien habe ich mit Ocker, Saftgrün und Englischrot die Farbe verstärkt, ebenso im Vordergrund und an den Straßenrändern. Als letztes habe ich den Weiher rechts mit einer Mischung Heliogengrün und Saftgrün lasiert, das Buschwerk im Vordergrund wurde dabei ausgespart.

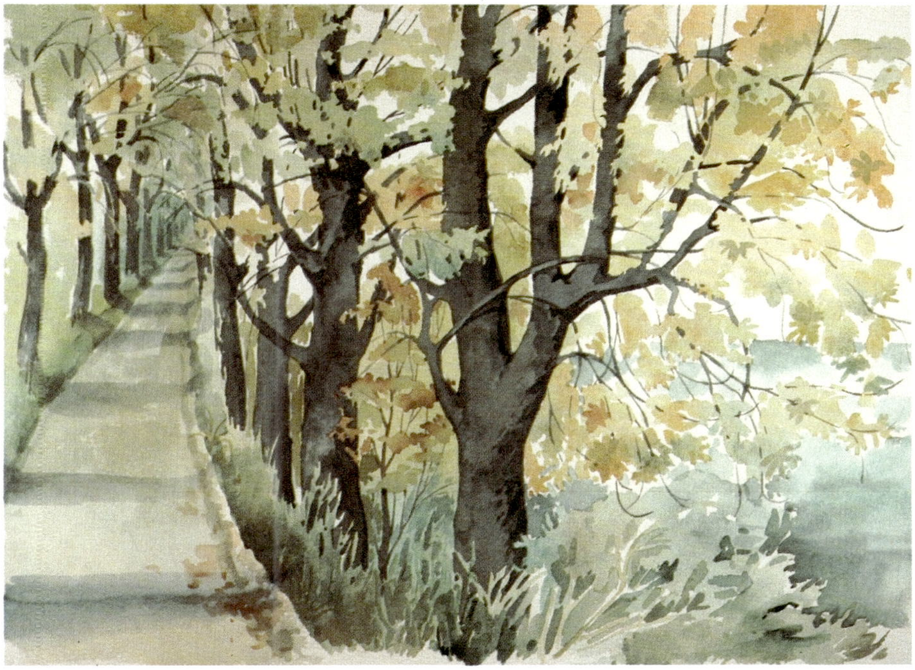

△4

Schritt 4 und 5 Auf der Straße habe ich abgefallene Blätter angedeutet (Englischrot und Caput mortuum), Gräser und dünne Äste im Vordergrund und an den Straßenrändern gemalt. Dann wurden Sträucher am Ufer des Weihers und deren Wasserspiegelungen in reinem Saftgrün eingesetzt, wobei die Blätterbündel der Kastanien ausgespart blieben. In den Weiher wurde noch mehr Dunkelheit (Heliogengrün und Indigo) in Querrichtung gemalt; der Himmel zwischen den Bäumen wurde in verdünntem Coelinblau angelegt.
Hinter das Laub und den Vordergrund im rechten Bildteil kam noch mehr Dunkelheit, ebenso in den Weiher (Heliogengrün mit Indigo). Zum Schluß noch in die Stämme und Äste Indigo auf die Schattenseiten.

▽5

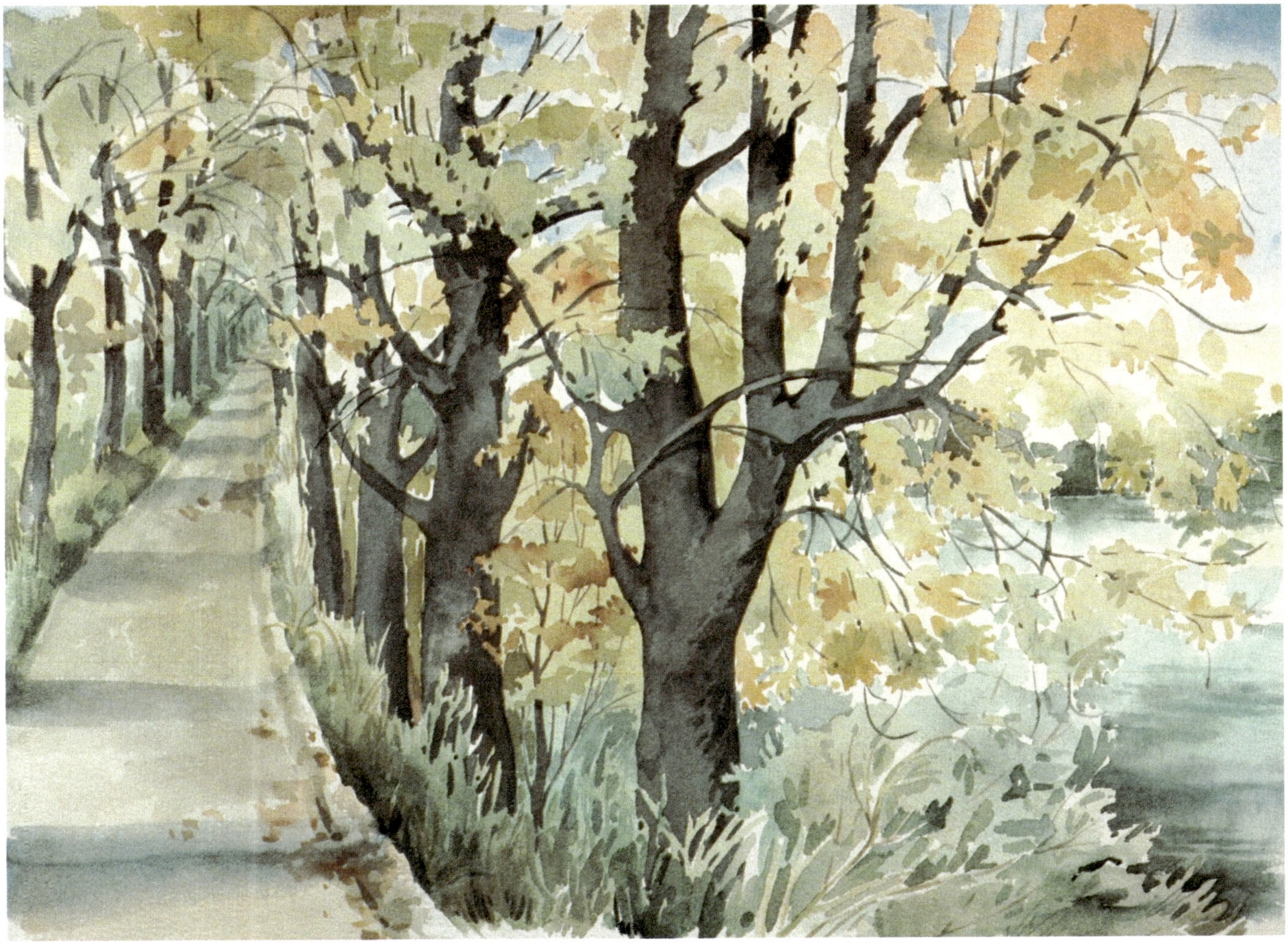

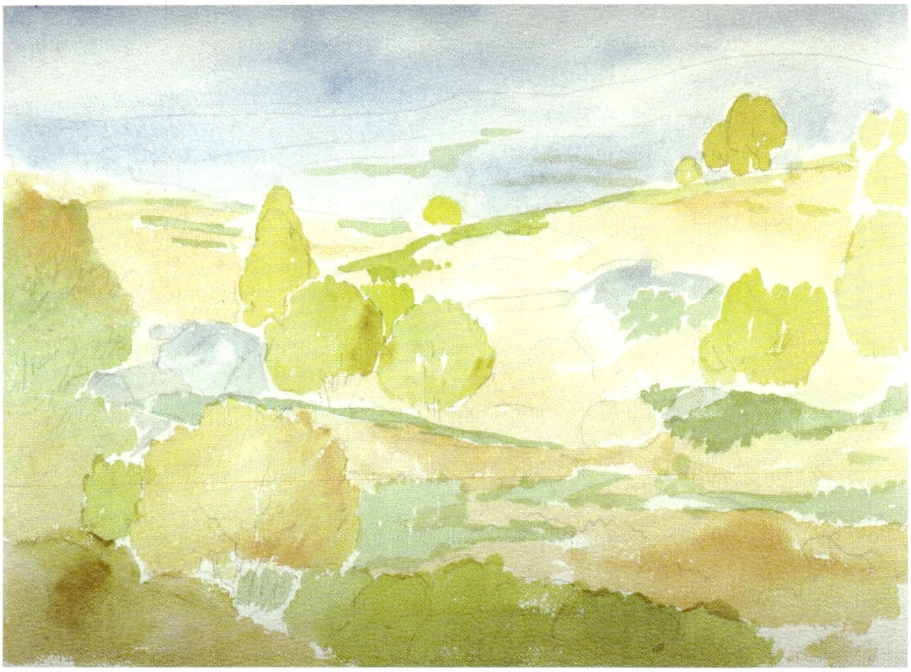

△1/2

Schritt 1 und 2 Diese norwegische Herbstlandschaft wurde leicht mit Bleistift vorgezeichnet; das ganze Blatt wurde angefeuchtet, und dann wurde in die nasse Fläche gemalt.
Das Coelinblau des Himmels habe ich bis an den hellgrünen Rand der Hügel auslaufen lassen. Das getrocknete Gras und Gestrüpp sind mit Englischrot und gelblichem Grün gemalt (Ocker mit Saftgrün). Die Bäume und Sträucher sind in verdünntem Ocker, vermischt mit Englischrot oder Hookersgrün angelegt. Die Felsstücke habe ich mit verdünntem Indigo grundiert.

▽3

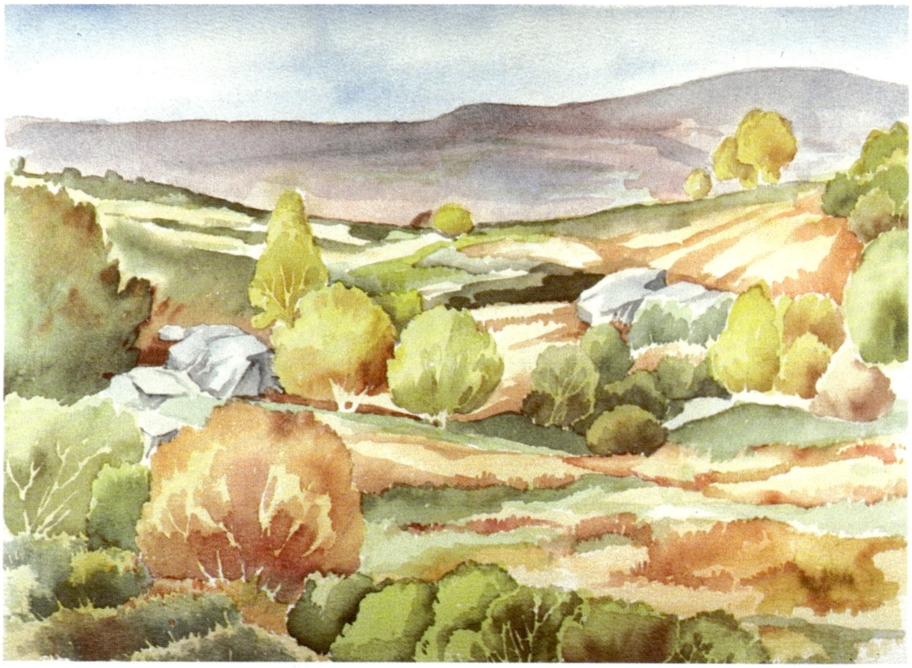

Schritt 3 Nun wurde über den Berghang im Hintergrund etwas mehr Farbe (Indigo mit Echtrosa), natürlich stark verdünnt, gemalt. Die Felsen auf der Schattenseite sind mit Indigo betont, ebenso die Bäume und Sträucher in ihrer Farbe verstärkt worden. Als letztes wurde in die Wiesen und Hänge und das niedere Gestrüpp mit Englischrot, Hookersgrün und Ocker gemalt.

Diese nordische Landschaft besteht vor allem aus flachen Hügeln, die mit Büschen und vielfarbigem Gestrüpp bedeckt sind. Reizvoll die Fremdartigkeit der Farben.

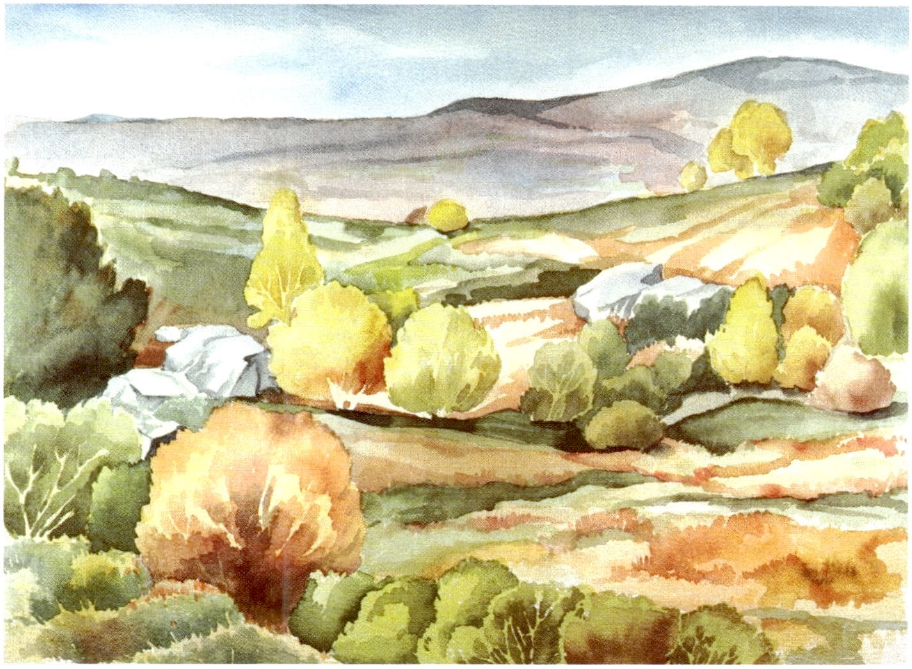

△4

Schritt 4 Zuerst gab ich dem Himmel noch mehr Dunkelheit (Coelinblau mit Indigo). Die noch zu unruhig wirkenden Flächen zwischen den Bäumen habe ich links im Bild mit verdünntem Grün plus Indigo und rechts mit Englischrot plus Grün überlasiert, den Berghang im Hintergrund mit verdünntem Indigo betont. In die Büsche und Bäume auf den Schattenseiten Dunkelheit gemalt.

Schritt 5 Zum Schluß wurden mit Sorgfalt unter Büschen, Bäumen, an Stämmen und Ästen mit einer Mischung aus Caput mortuum und Indigo noch tiefe Schatten gemalt.

▽5

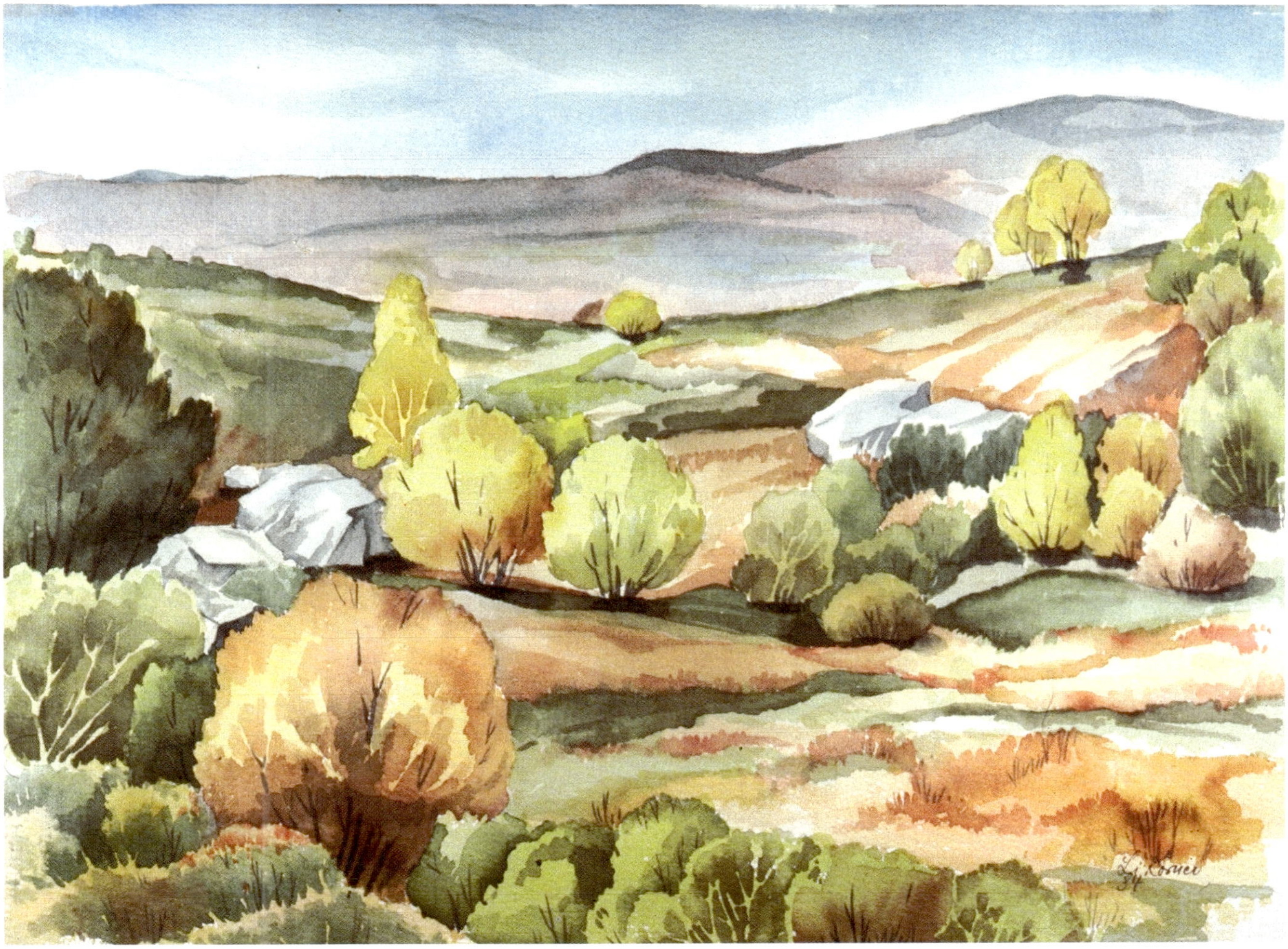

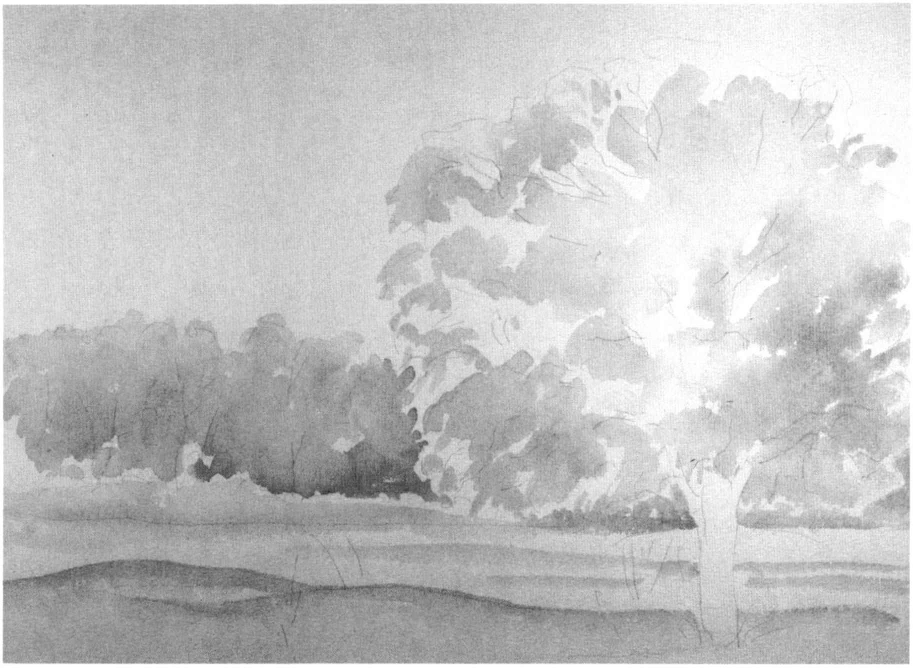

△1/2

Die folgenden Schwarzweiß-Abbildungen geben Ihnen die Möglichkeit, sich Farbkompositionen zu den vorgegebenen Motiven zu erarbeiten und zeigen Ihnen die verschiedenen Phasen der Farbgebung. Vorschläge für die Farbwahl finden Sie in den erläuternden Texten.

Schritt 1 und 2 Die mit dickem Rauhreif überzogenen Baumkronen wurden in einer Mischung aus Blauviolett mit Indigo und Coelinblau angelegt. Den gleichen Ton bekamen der See und die Schneefläche im Bildvordergrund. Über die Bäume im Hintergrund kam noch ein Hauch Ocker.

▽3

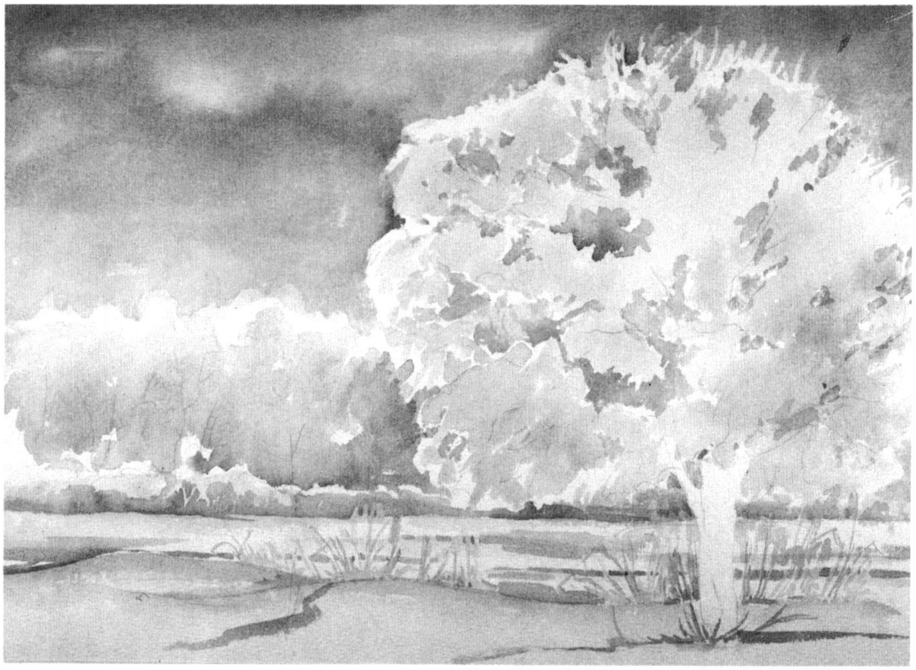

Schritt 3 In die Buschreihe hinter dem See wurde nun verdünntes Indigo mit Coelinblau als Dunkelheit gemalt; der Himmel wurde mit Indigo angelegt, wobei die weißen Spitzen der Bäume ausgespart wurden. Am Uferrand ist Schilf angedeutet (Ocker mit Englischrot). Auch der Himmel hinter und über den Bäumen bekam etwas Ocker.

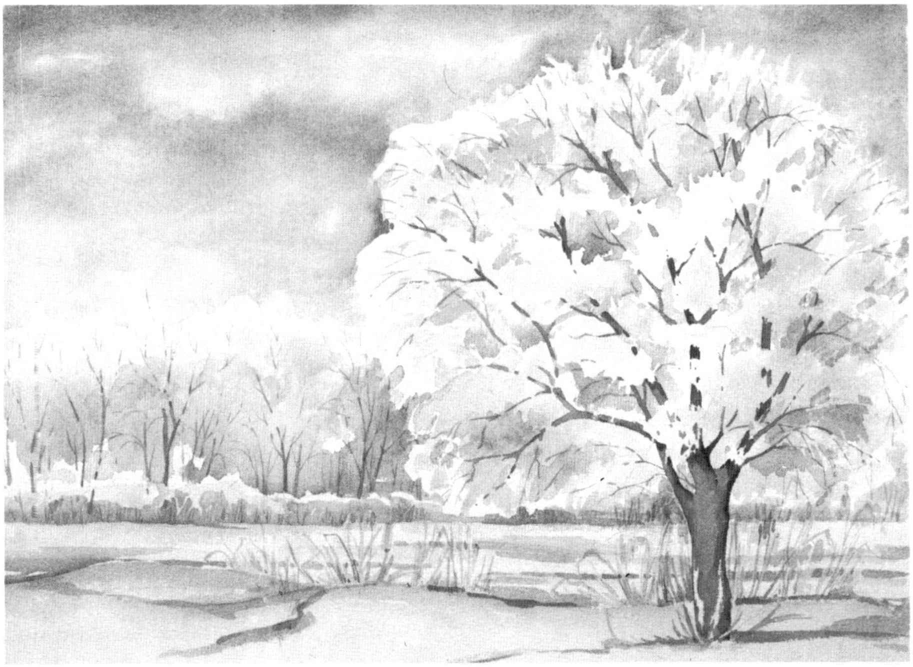

△4

Schritt 4 Jetzt kamen Stämme und Äste an die Reihe. Mit einer Mischung aus Indigo und ganz wenig Ocker malte ich erst die dicken Stämme und Äste des großen Baumes, die Schatten ließ ich mit Indigo in die feuchte Farbe einfließen. Mit dünnerer Farbe malte ich die kleineren Äste, wobei ich die mit Rauhreif bedeckten Partien aussparte. Im gleichen Ton skizzierte ich Zweige und Stämme in die Baum- und Buschpartien im Hintergrund. Dann legte ich noch ein verwaschenes Violett über die Rauhreifpartien, und zum Schluß betonte ich das Schilf mit Englischrot und Ocker.

Schritt 5 Einige dunkle Effekte in die Baumreihe im Hintergrund, ins Schneefeld vorn und in den schneeschweren Himmel vollendeten das Rauhreifbild.

▽5

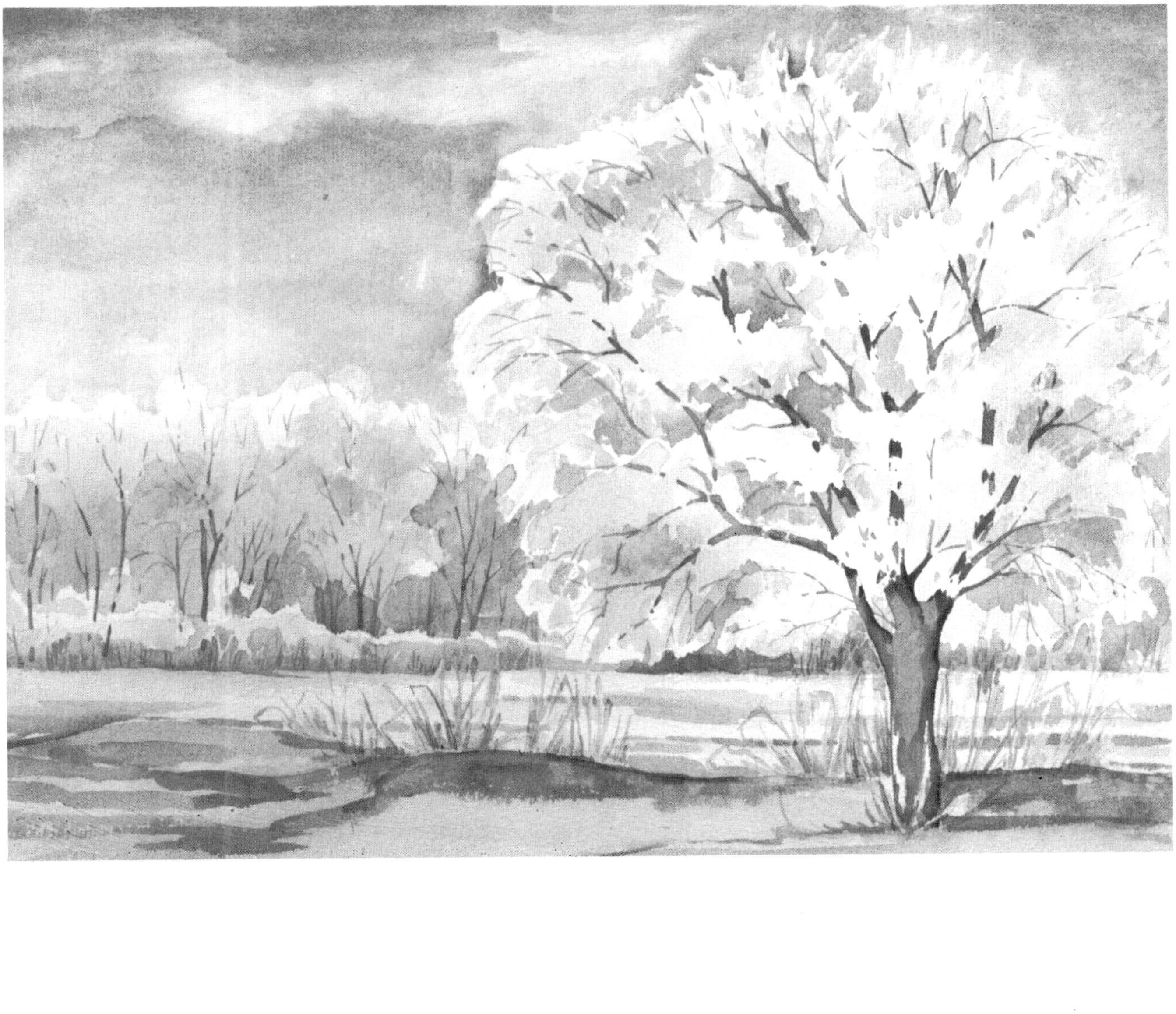

△1/2

Schritt 1 und 2 Erst zeichnete ich wie immer mit Bleistift leicht vor, die in die Landschaft gebrachten Findlingsblöcke habe ich in der Größe etwas übertrieben, weil sie in ihrer Gegensätzlichkeit gut in das Bild passen. Den Himmel legte ich in verdünntem Coelinblau an, dabei sparte ich streifenartige Föhnwolken aus. Die Wasserfläche malte ich in einem stark verdünnten Ockerton.

▽3

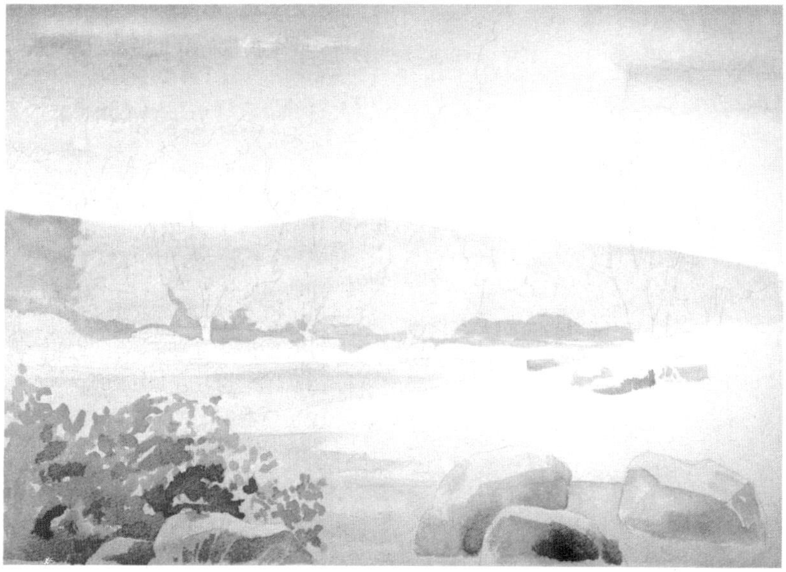

Schritt 3 Den großen Findlingssteinen gab ich in die Schattenseiten Indigo, in das ich zum Teil etwas Ocker laufen ließ. In den Vordergrund links kam Buschwerk, das ich in verschiedenen Grüntönen malte (Ocker, Saftgrün, Olivgrün). Das Wiesenstück hinter den Bäumen wurde in Ocker und Hellgrün angelegt.

▽4

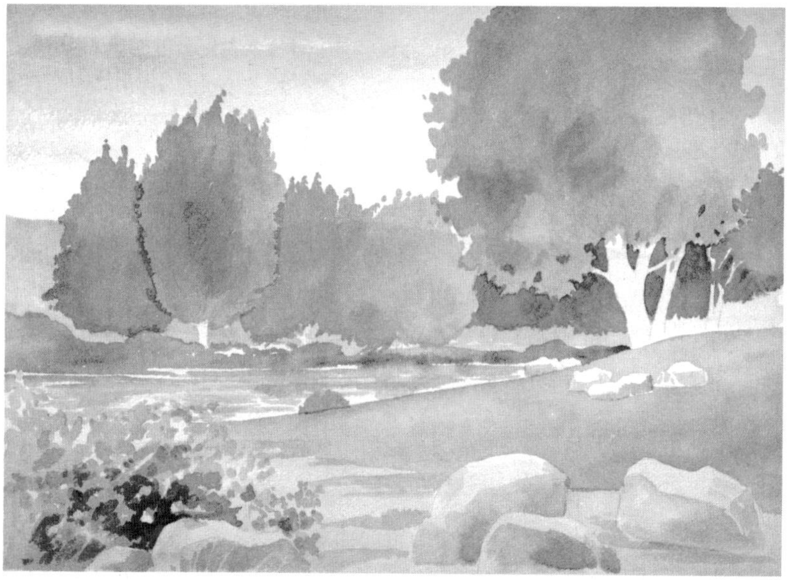

Schritt 4 Als nächstes malte ich ganz flächig die Baumkronen: die Weiden in ihrem blaustichigen Grün mit Saftgrün und Coelinblau, die übrigen mit Olivgrün und Ocker und zum Teil noch etwas Indigo. In der gleichen Farbe entstand die Buschreihe am Seeufer. Die Wiese im Vordergrund ist mit Saftgrün und Ocker gemalt.

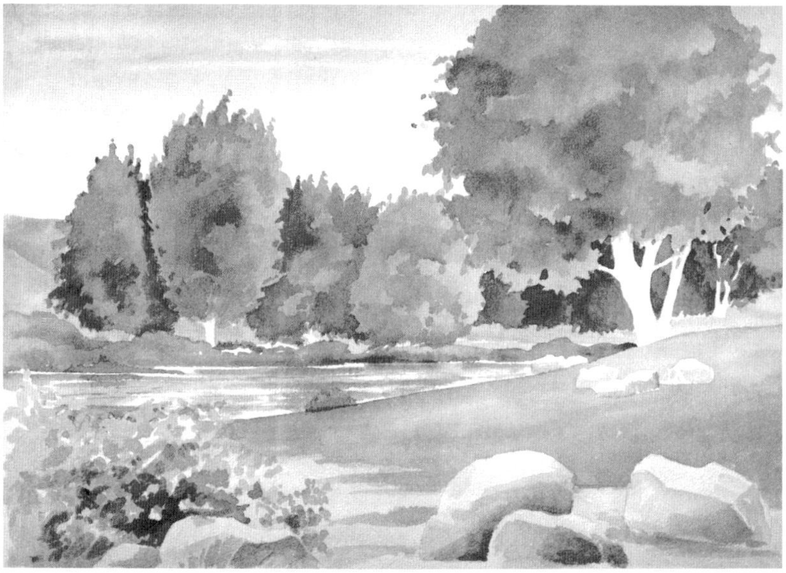

△5

Schritt 5 Die Wiese im Vordergrund bekam noch etwas Heliogengrün. In die Baumkronen malte ich die Schattenpartien mit Olivgrün und Indigo, bei den Weiden kam noch Coelinblau dazu, in den gleichen Farben sind die Spiegelungen der Bäume im Wasser gemalt.

Schritt 6 Zum Schluß die Baum- und Buschpartien am oberen Rand des Wiesenhanges mit Indigo und Olivgrün nacharbeiten, ebenso die Baumstämme und Äste mit Indigo oder Caput mortuum auf Indigo. Bei der großen Weide rechts ließ ich den Stamm hell und gab ihm nur etwas Farbe auf der Schattenseite. In der Laubkrone betonte ich wieder die Äste, indem ich das helle Grün des Laubes mit dunklerem Grün ummalte.
Noch etwas Farbe in Wiese und Steine und ein paar querlaufende Linien als Wellen im Wasser vollenden das Bild.

▽6

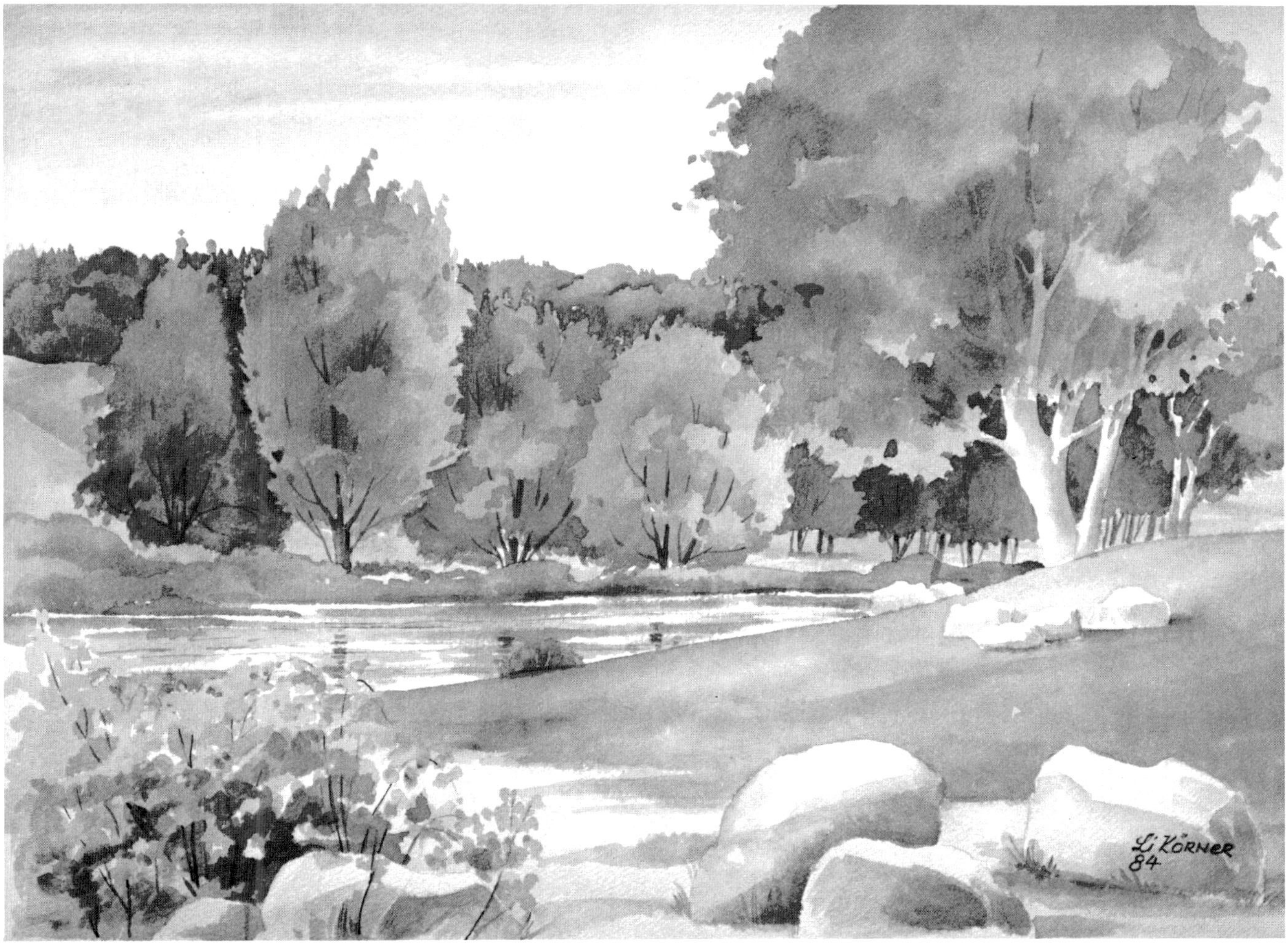

Daß man auch in den Städten in alten Parks und botanischen Gärten herrliche alte Bäume zum Malen findet, habe ich schon auf den vorhergehenden Seiten gezeigt. Als letztes „Stadtmotiv" habe ich eine Ansicht am Olympiasee in München gewählt, die heute kaum noch verrät, daß es sich um eine komplett neu angelegte, „künstliche" Landschaft handelt. Der Hang im Hintergrund ist der „Schuttberg", er ist auf dem Häuserschutt des grausamen 2. Weltkrieges angelegt worden. Der hübsche See ist ein erweiterter Arm eines alten Kanals. Die Bäume und Sträucher wurden 1972 frisch gepflanzt oder als halberwachsene Bäume dorthin verpflanzt. Es ist ein reizvoller Stadtpark entstanden, ein Erholungsgebiet für Einheimische und Touristen.

Malen Sie auch einmal das Naheliegende, etwa eine Ecke in Ihrem Garten oder ein idyllisches Eckchen in einem Hinterhof oder, so wie ich, ein Motiv auf dem Balkon.

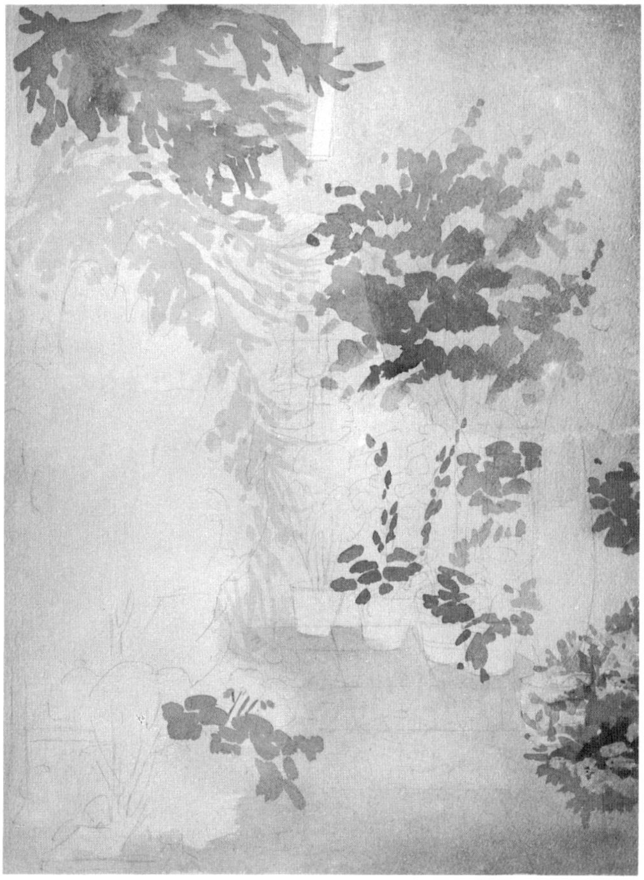

△1/2/3

Schritt 1, 2 und 3 Zuerst wurde wieder mit Bleistift skizziert, dann der Himmel mit Coelinblau leicht angelegt, Boden und Balkonbrüstung mit einem Hauch Indigo mit Ocker grundiert. Nachdem alles trocken war, malte ich den Ginster zitronengelb und in verschiedenen Grüntönen dahinter links die Glyzinie, den Fliederbusch, das Laub der Geranien und Petunien und des Margeritenbusches im rechten Vordergrund (Echtoliv, Heliogengrün, Zitronengelb und Ocker).

▽4

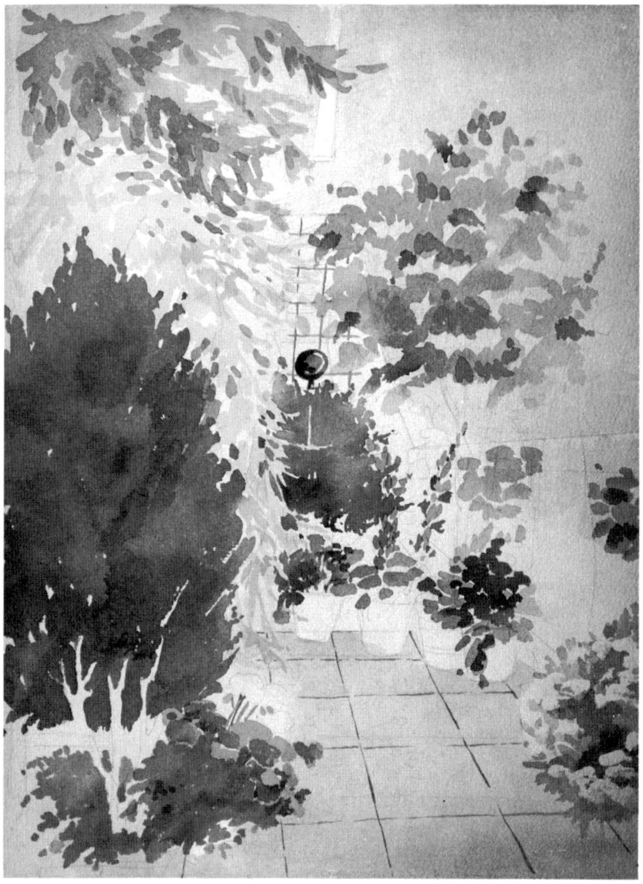

▽5

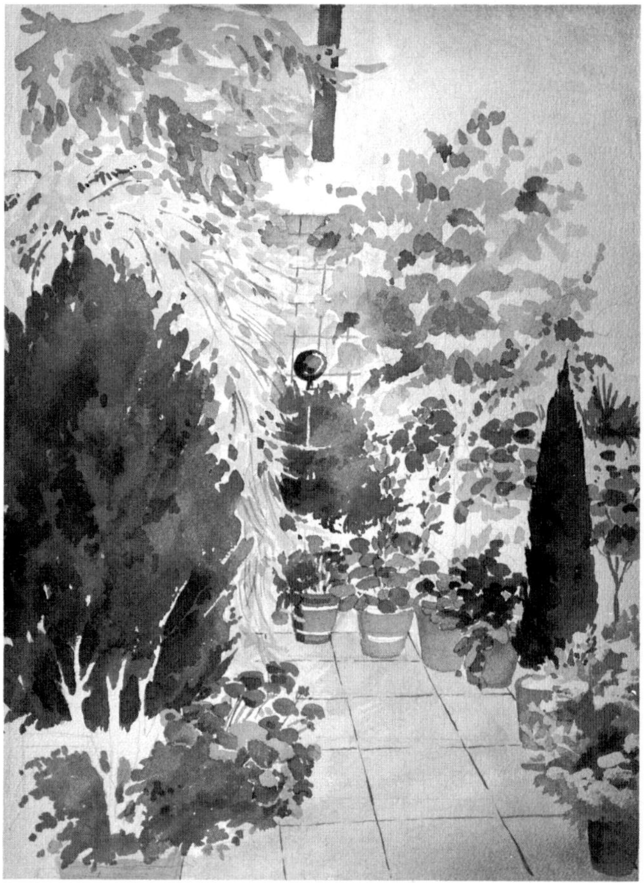

Schritt 4 Mit dunkleren Grüntönen (Olivgrün, Heliogengrün und Indigo) wurden nun Dunkelheiten in die Laub- und Blätterpartien gemalt. In der gleichen Farbe legte ich den Buchsbaum im Bildvordergrund an, dann noch ein paar Effekte in den Ginsterbusch mit dunklerem Gelb. In einem hellen Violett entstanden Fliederdolden und vor dem Buchsbaum ein Büschel Glockenblumen. Mit Ultramarinblau werden Petunien und die Glaskugel gemalt. An der Rückwand des Balkons deutete ich ein Spalier mit Indigo an.

Schritt 5 und 6 Nun kommt mehr Farbe ins Bild. Die Geranien wurden in Zinnoberrot, die Rosen in Echtrosa hineingetupft. Der Ginster bekam ein paar grüne Ästchen und intensiveres Gelb, der Buchsbaum noch Schatten in ganz dunklem Grün (Indigo mit Olivgrün).
Die Blumentöpfe wurden grundiert (Englischrot mit Zinnober und Caput mortuum), die Wand und die Balkondecke im Hintergrund wurden mit verdünntem Indigo betont. Dann wurde noch der Schatten auf dem Balkonboden mit Indigo gemalt und zum Schluß der Lebensbaum im rechten Bildhintergrund dunkel hinter den Fliederbaum gestellt.

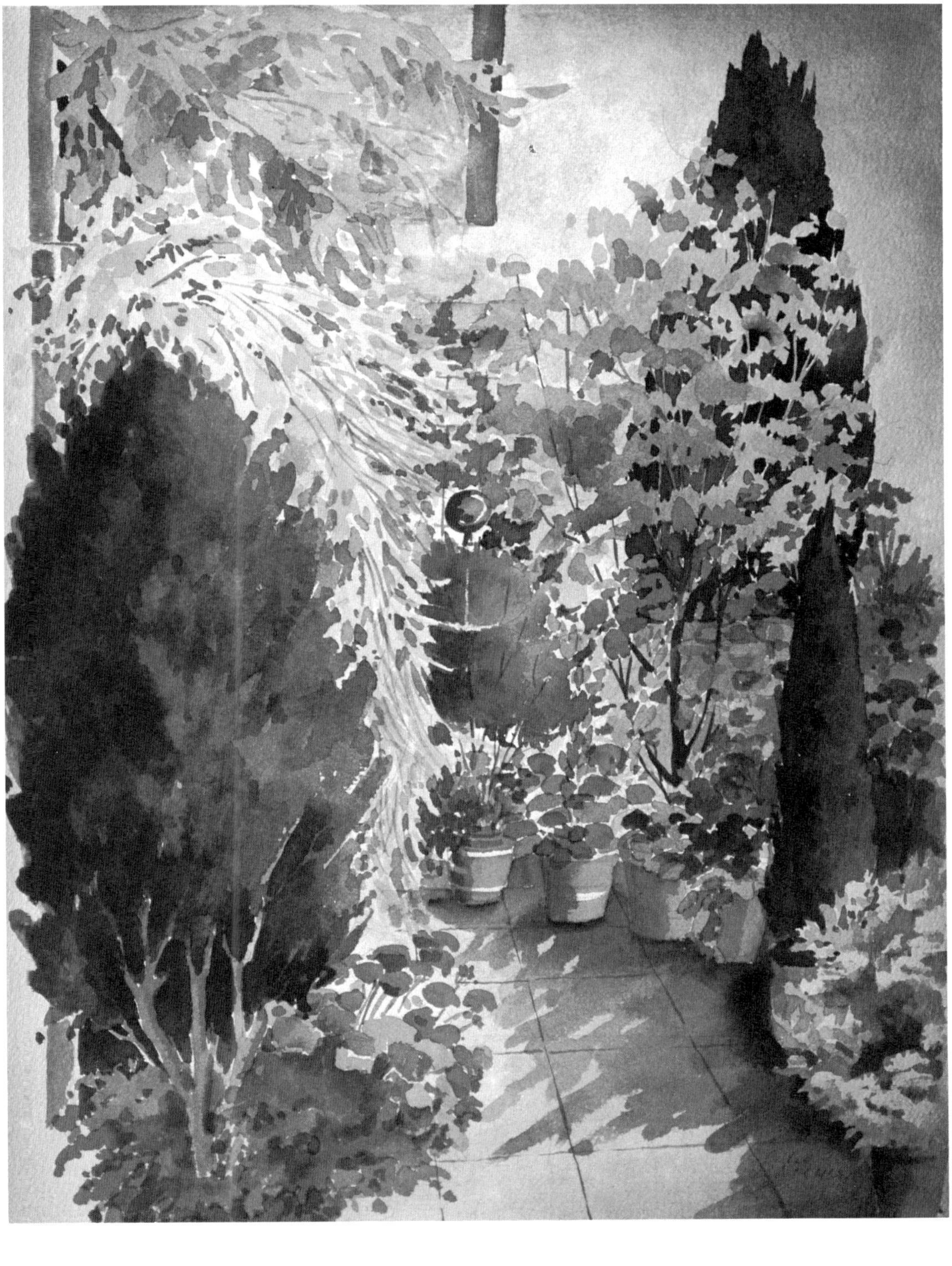

◁6

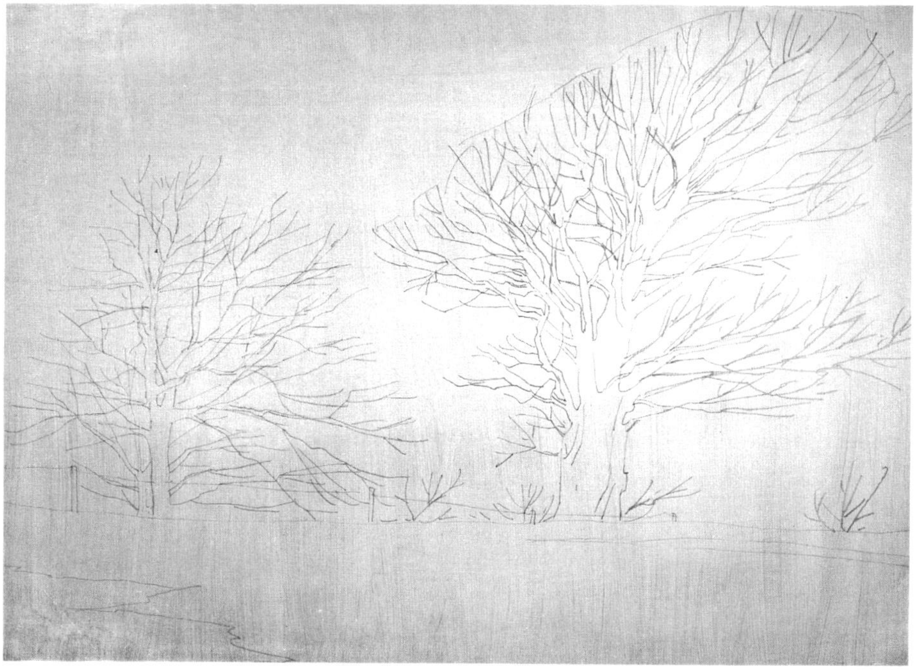

△1

Schritt 1 Auf den mit weißem Plaka grundierten Malkarton skizzierte ich mit einem weichen Bleistift (B), ziemlich kräftig zeichnend, die zwei imposanten Baumriesen: links eine Buche, rechts eine Eiche.

▽2/3

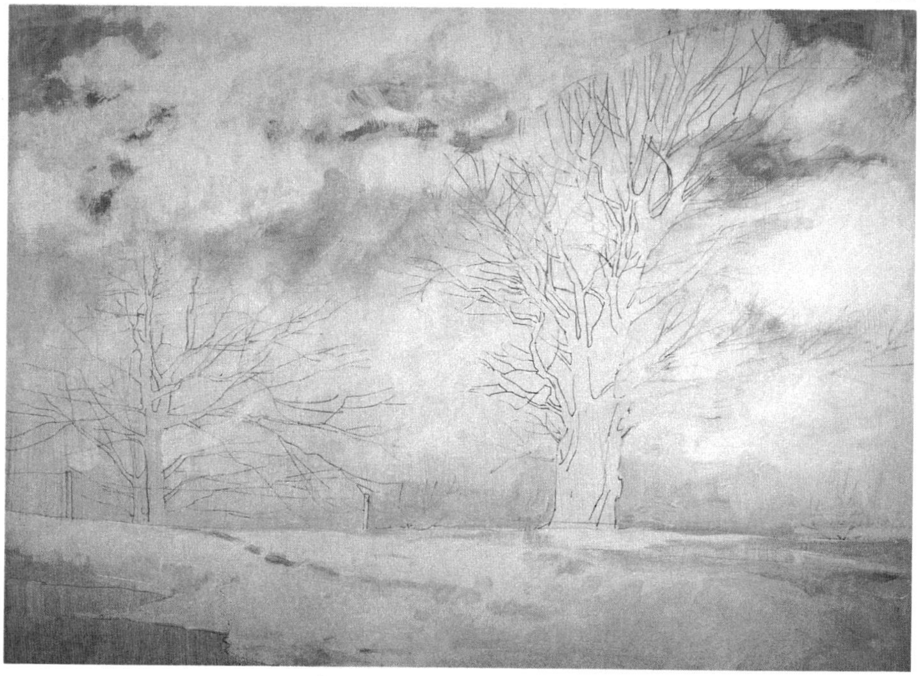

Schritt 2 und 3 Dann malte ich einen bewegten Wolkenhimmel mit Deckweiß, Indigo und dazwischen ein paar blaue Flecken in Coelinblau. Am Horizont ein Gemisch aus Zitronengelb, Ocker und Weiß. Das Schneefeld im Vordergrund wurde mit Deckweiß und etwas Coelinblau angelegt. Dann legte ich über dieses Schneefeld mit fast trockenem Pinsel am oberen Rand noch ein wenig Gelb und deutete einen Weg mit Indigo und Weiß an.

Zum Schluß noch ein verhältnismäßig einfaches Motiv, das aber in der Ausführung etwas Geduld und Sorgfalt verlangt: eine Wiese, auf der noch Schnee liegt, mit zwei alten Bäumen, bei denen sich schon ein Farbhauch vom bereits hervorbrechenden Laub zeigt.

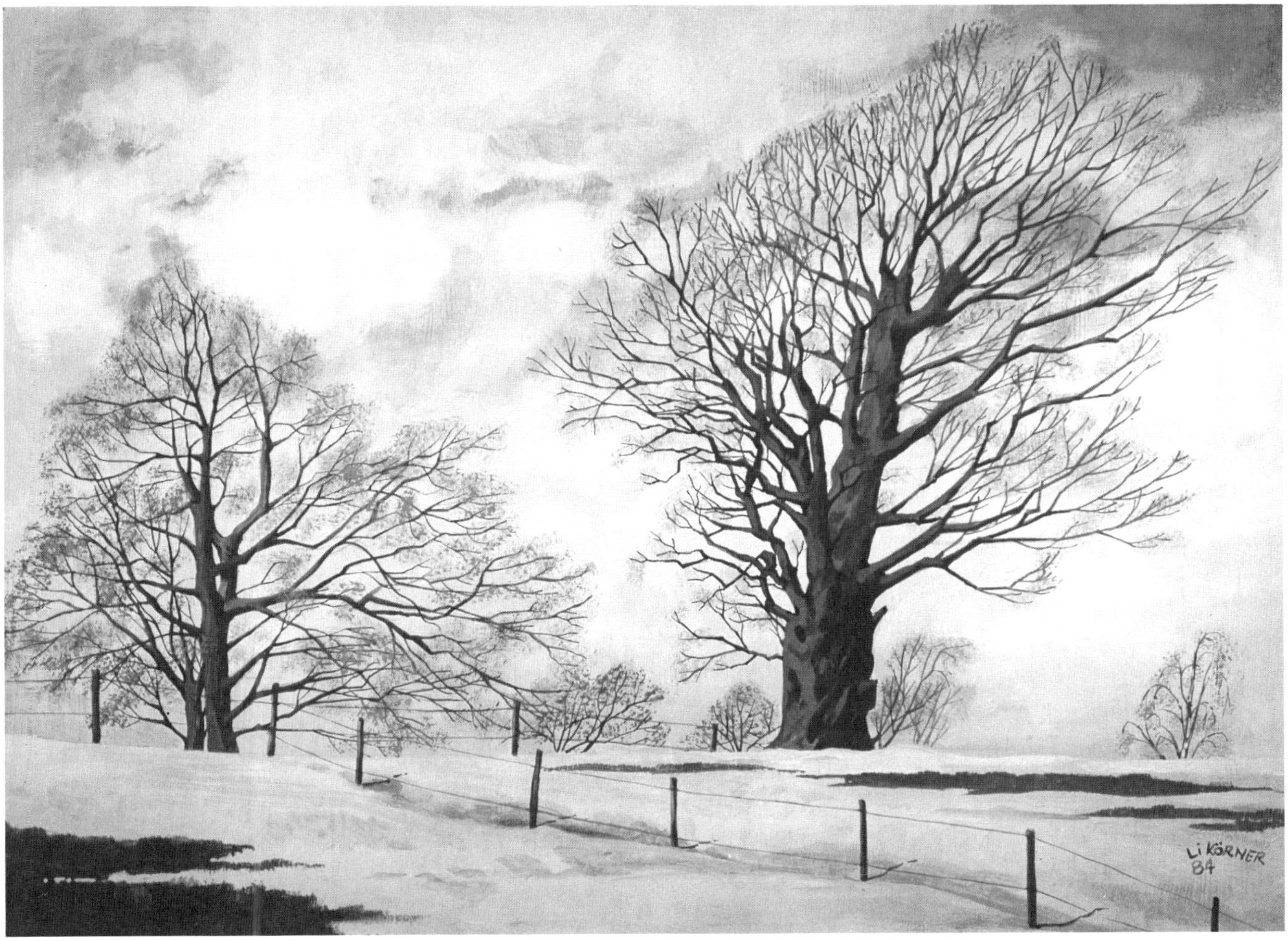

△4

Schritt 4 Die schon schneefreien Wiesenstreifen malte ich in einem Gemisch aus Olivgrün und Ocker.
Mit einiger Sorgfalt wurden dann die Stämme und Äste der Buche aus einer Mischung Indigo mit Weiß und ganz wenig Ocker gemalt und darüber mit dem Stupfpinsel mit Englischrot und Ocker der Schimmer der aufbrechenden Knospen getupft, wobei die Farbe fast ohne Wasser verwendet wurde.
Zum Schluß noch die alte Eiche, deren Stamm und die größeren Äste mit Indigo, Ocker und Weiß grundiert wurden. In die noch feuchte Farbe malte ich Indigo an den Schattenseiten und Ocker mit Weiß an den dem Licht zugewendeten Seiten. Nach dem Malen der Äste und Zweige wurde auch hier mit dem Stupfpinsel helles Grün (gemischt mit Gelb) als grüner Laubschimmer angedeutet. Ein paar kleinere Bäume und Büsche an den oberen Rand der schneebedeckten Wiese und einige Zaunpfähle, mit dünn gemaltem Draht verbunden, vervollständigen dieses optimistische Vorfrühlingsbild.

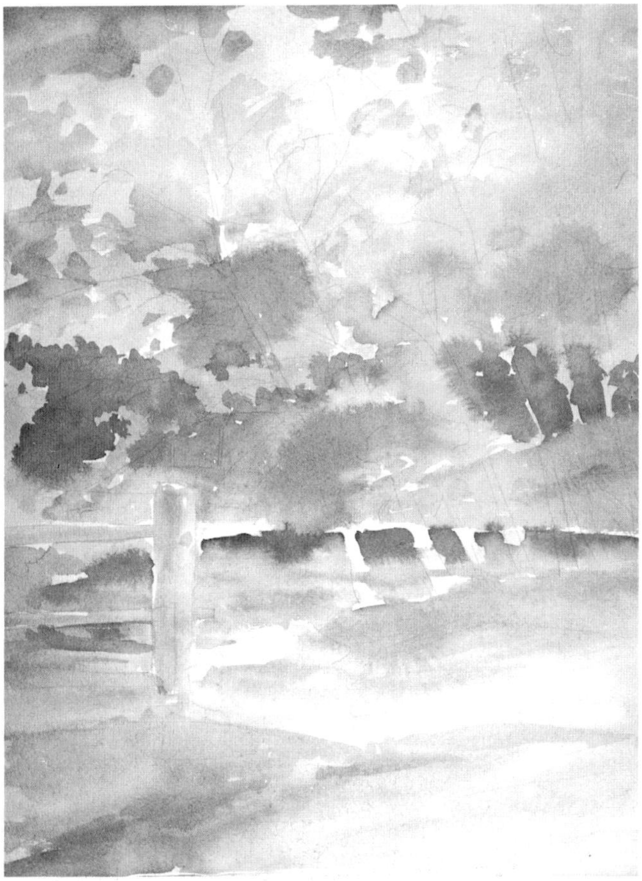

△1/2

Schritt 1 und 2 Nach einer Skizze mit Bleistift habe ich das ganze Blatt mit einem Schwamm gut angefeuchtet und in die nasse Fläche mit verschiedenen Grüntönen (Olivgrün, Saftgrün, Heliogengrün und dazu Ocker) die Laubkronen gemalt. Auch die Wiesenflächen im Hinter- und Vordergrund ließ ich in das feuchte Papier einfließen. Einige Farbflecken in Ocker, Englischrot und Caput mortuum beleben die grünen Partien. Den Himmel malte ich diesmal mit Coelinblau in die weißen Stellen zwischen den Baumkronen. Auch in den Weiher kamen etwas Blau und dazu die Grüntöne der Wiese als Spiegelung. Der Zaun links wurde mit Ocker in die inzwischen etwas trockenere Fläche gesetzt.

▽3

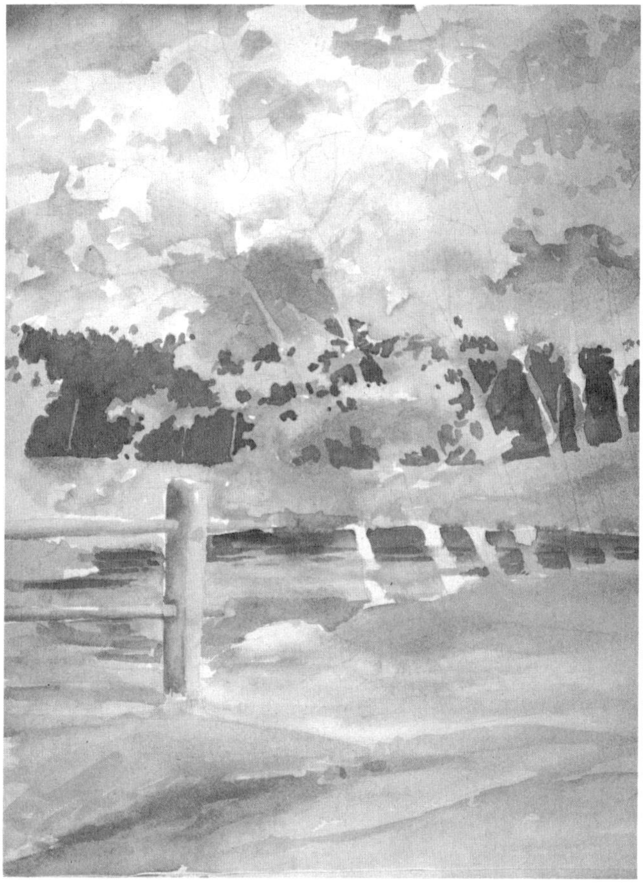

Schritt 3 Nun malte ich in einem dunklen Grün den Wald hinter die ausgesparte Eschengruppe (Olivgrün mit Indigo). Die gleiche Farbe kam als Spiegelung in die Wasserfläche (wie immer bei Wasserspiegelungen in Querrichtung).
Mit etwas Englischrot bekamen die Schattenseiten des Zaunes und der Vordergrund ein wenig mehr Farbe.

Schritt 4 und 5 Als nächstes wurden Stämme und Äste mit Indigo und Indigo/Caput mortuum gemalt. Man achte wieder darauf, daß die Zweige von den hellen Laubpartien unterbrochen werden. Von den Stämmen der Eschen im Vordergrund und dem Zaunpfosten malte ich Schlagschatten nach rechts (mit Indigo).
Nun noch einmal Farbe in den Vordergrund und Dunkelheit in den Waldstreifen hinter der Baumgruppe. Dann ist das Bild fertig.

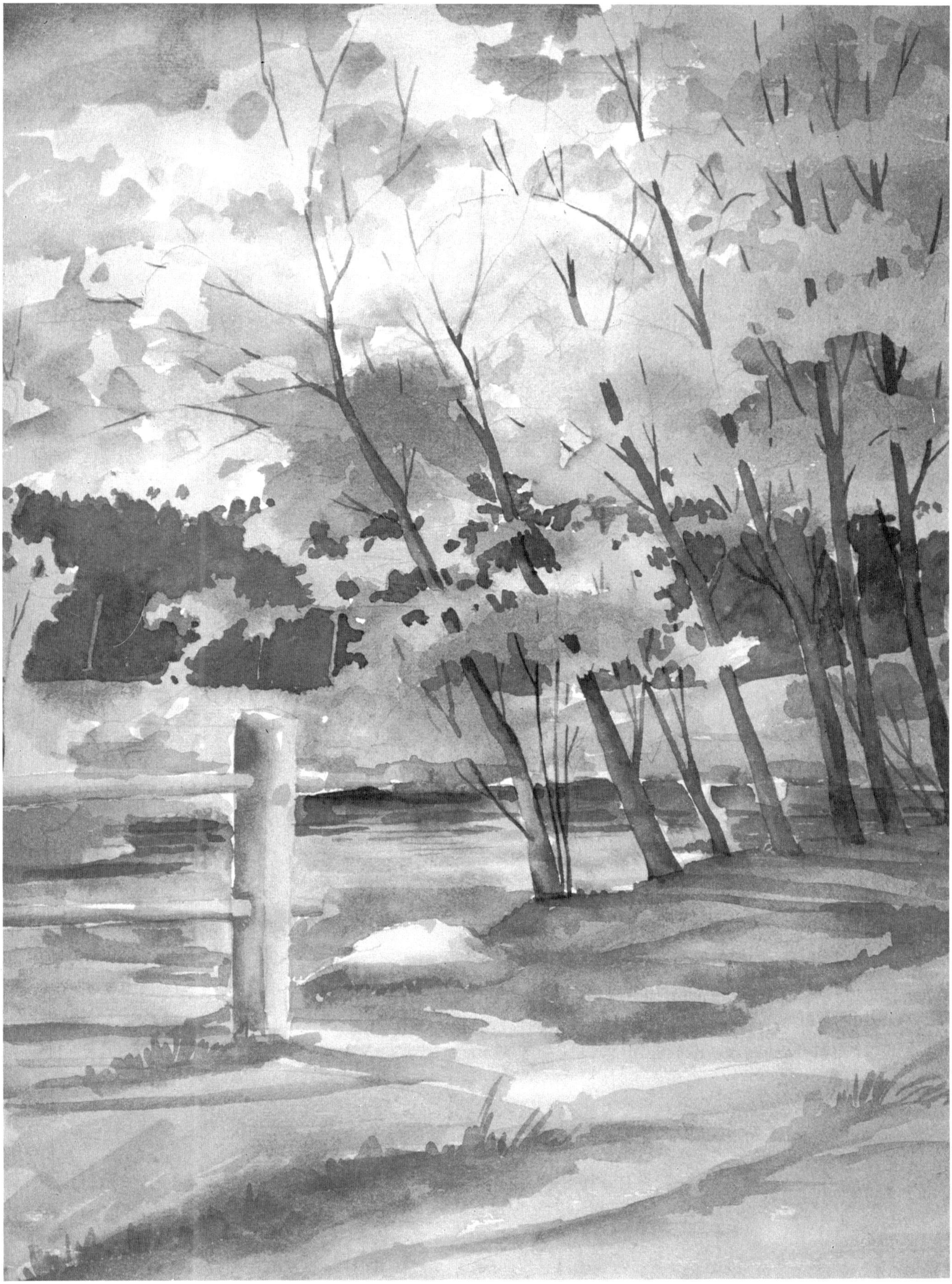

In der Fachwelt ist es noch immer ein umstrittenes Thema, ob ein Maler ein Foto verwenden kann, um ein Bild danach zu malen. Es gilt als unkünstlerisch. Doch ich kann Sie beruhigen: Es gibt fast keinen Maler, der nicht nach Fotos arbeitet.
Seit es die Fotografie gibt, haben auch namhafte Künstler diese Technik zu Hilfe genommen. Oder glauben Sie, daß berühmte Persönlichkeiten einem Porträtisten tage- und monatelang Modell gestanden haben? Es ist bewiesen, daß Lenbach, Stuck und davor Cézanne, Corot, Courbet, Toulouse-Lautrec, Picasso und viele andere das Foto als Malhilfe benutzten.
Also dürfen wir es ganz bestimmt auch, denn wir wollen ja nicht stur kopieren, sondern frei danach gestalten. Was sollen wir auch die langen Monate machen, in denen wir nicht im Freien arbeiten können? Oder wenn das Wetter einen Strich durch die Rechnung macht und uns ein Regenguß daran hindert, ein Bild vor der Natur zu beenden?
Ich habe jedenfalls immer meine Kamera dabei, wenn ich durch die Natur oder durch idyllische alte Orte streife. Da habe ich nach meinen Fotos schon die reizvollsten Kombinationen zusammenkomponiert: Durch eine andere Bildaufteilung, ein Weglassen oder Überbetonen eines Bildelements lassen sich ganz neue Motive schaffen. Die Betrachter des fertigen Bildes wird nur interessieren, daß es gefällt und daß es gut gemacht ist – nicht aber, auf welche Weise es entstanden ist.

Die Technik Wie kann nun ein Foto vergrößert auf unseren Malgrund übertragen werden? Am besten wäre es natürlich aus dem freien „Augenmaß“, da wir ja dabei unser Motiv freier gestalten und verändern können. Wenn man aber eine Aufnahme genau übernehmen will, legt man ein Stück Zellophan darüber und zeichnet mit Tusche ein exaktes Gitternetz darüber. Dann überträgt man dieses Netz in entsprechender Vergrößerung mit Bleistift auf das gewünschte Format.

Schaffen Sie sich ein Archiv Sammeln Sie Fotos und interessante Illustriertenausschnitte, so haben Sie immer Motive, die Sie in Ihren Bildern verarbeiten können. Fotografieren Sie Landschaften und Gegenstände, die Sie vor der Natur gemalt haben, und Sie werden feststellen, daß unser Auge ganz anders reagiert als die Fotolinse.
Halten Sie einmalige Wolkenbildungen, Wasserspiegelungen, Schattenwirkungen, Wiesenvordergründe, interessante Strukturen von Holz oder alten Mauern im Foto fest: Sie werden alle diese Motive irgendwann verwenden können.
Lassen Sie sich beim Übertragen des Fotomotivs auf Ihren Malgrund nicht von Einzelheiten verwirren, sondern zeichnen Sie genauso, wie Sie es beim Malen im Freien machen, nur die wichtigsten Hilfslinien vor. So wird auch das Bild, das Sie nach Fotos malen, Ihr Werk mit Ihrer eigenen Handschrift.

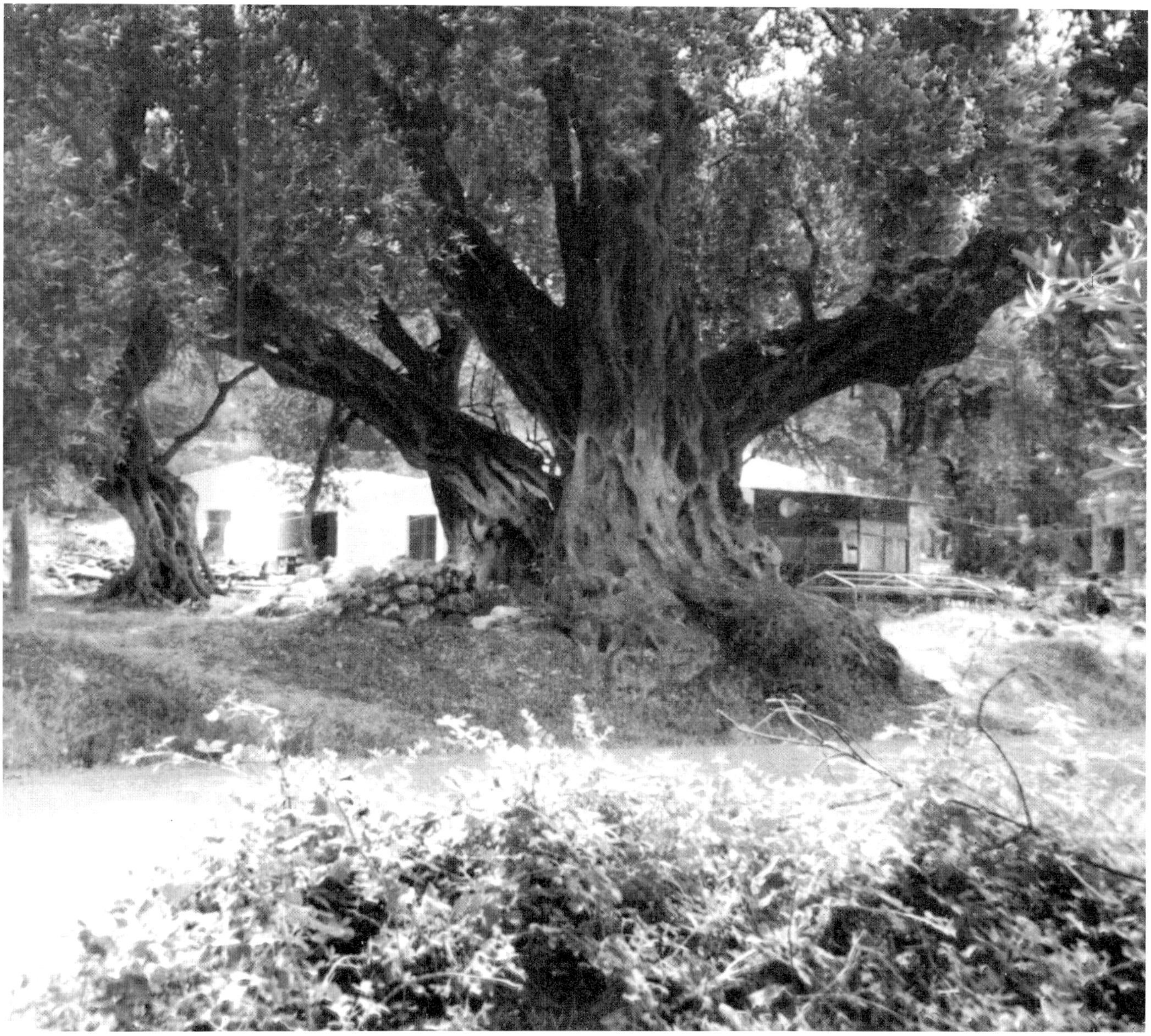

Auf der Insel Korfu entdeckte ich diesen Prachtbaum. Er soll über 2000 Jahre alt sein, hat einen Durchmesser von 5 Meter, trägt noch Früchte und ist voll belaubt. Diese herrliche alte Olive ist eines der schönsten Motive auf dieser grünen Insel Griechenlands. Ich malte mehrere Stunden, denn es reizte mich, den bizarren Stamm möglichst naturgetreu wiederzugeben. Das Gestrüpp im Bildvordergrund bildet einen Gegensatz zu dem blaugrünen Laub des Olivenbaumes und war eine willkommene Gelegenheit, einen Vordergrund darzustellen.

Wie alle meine Motive, die ich im Freien male, habe ich auch dieses fotografiert und versuche es nun stufenweise zu wiederholen.

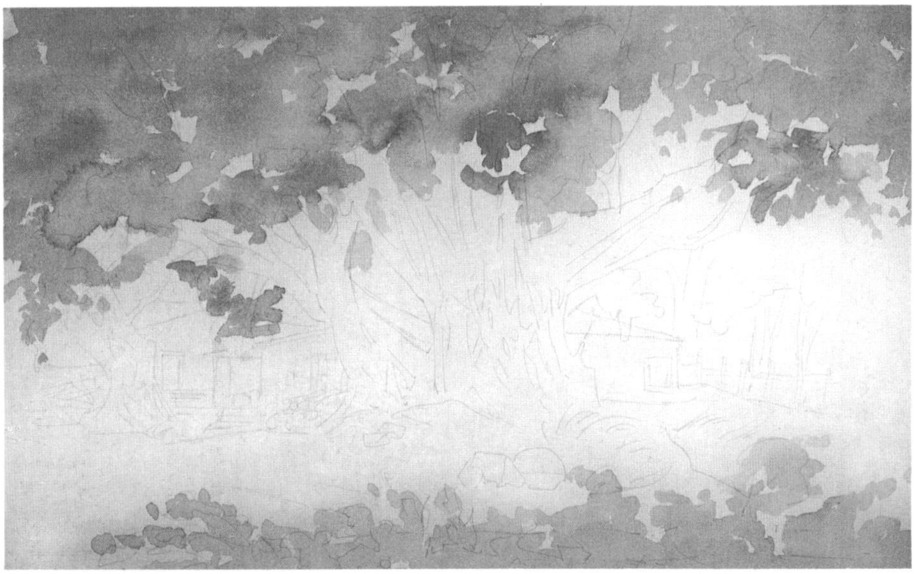

△1/2

Schritt 1 und 2 Nach der Bleistiftvorzeichnung grundierte ich das Laub des Olivenbaumes in dem typischen Blaugrün (Olivgrün mit Coelinblau). Der Vordergrund wurde in einer Mischung aus Ocker, Zitronengelb und Englischrot angelegt.

▽3

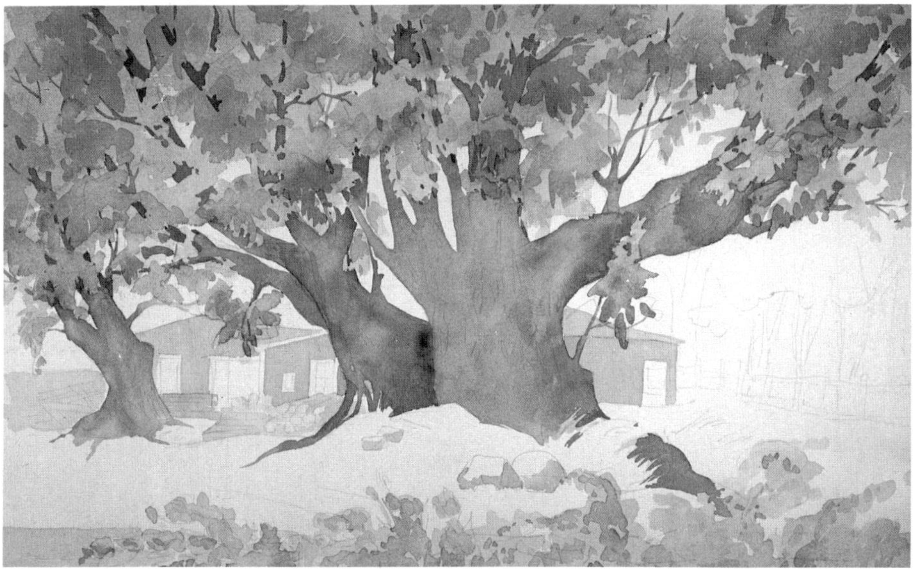

Schritt 3 Nun setzte ich einige Dunkelheiten ins Grün des Laubes (wieder Olivgrün und etwas mehr Coelinblau). In den Vordergrund malte ich mit Olivgrün, Ocker, Zitronengelb, Englischrot und Caput mortuum Gräser und Stauden und als letztes das rosa Haus hinter dem großen Baum (Echtrosa und etwas Zinnoberrot).

▽4/5

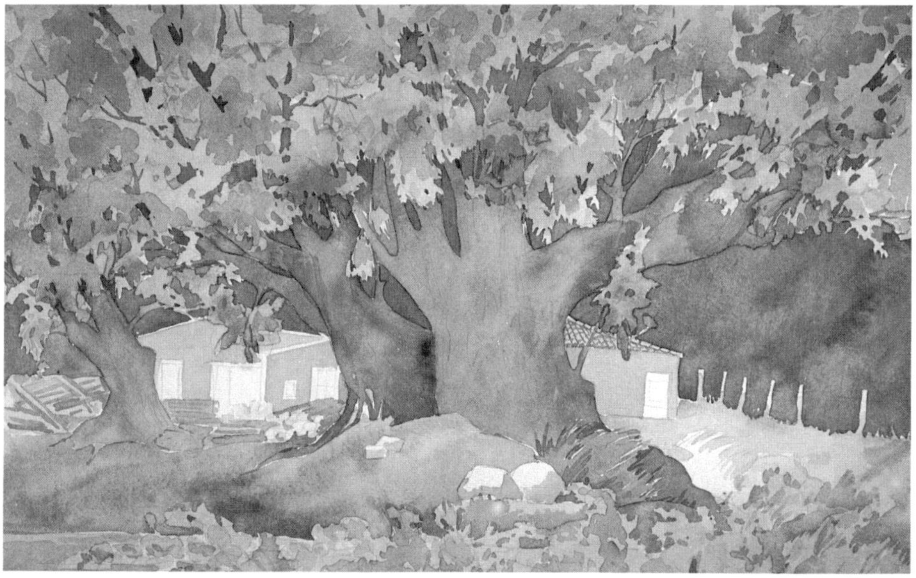

Schritt 4 und 5 Das Dach des Hauses und die Holzstapel links legte ich in einem zarten Ockerton an. Die Stämme, Äste und Wurzeln des Olivenbaumes grundierte ich mit verdünntem Indigo und etwas Ocker. Die Laubbündel über den Stämmen und Ästen wurden wieder ausgespart. Nun malte ich hinter den alten Olivenbaum die Laubbaumgruppe (Korkeichen) in einem wärmeren Grün (Saftgrün, Ocker und etwas Englischrot). Stämme, Äste und Laub des Olivenbaumes und die Zaunpfähle wurden ausgespart. Das Wiesenstück grundierte ich mit verdünntem Ocker/Caput mortuum/Englischrot. Steine und Gestrüpp im Vordergrund aussparen!

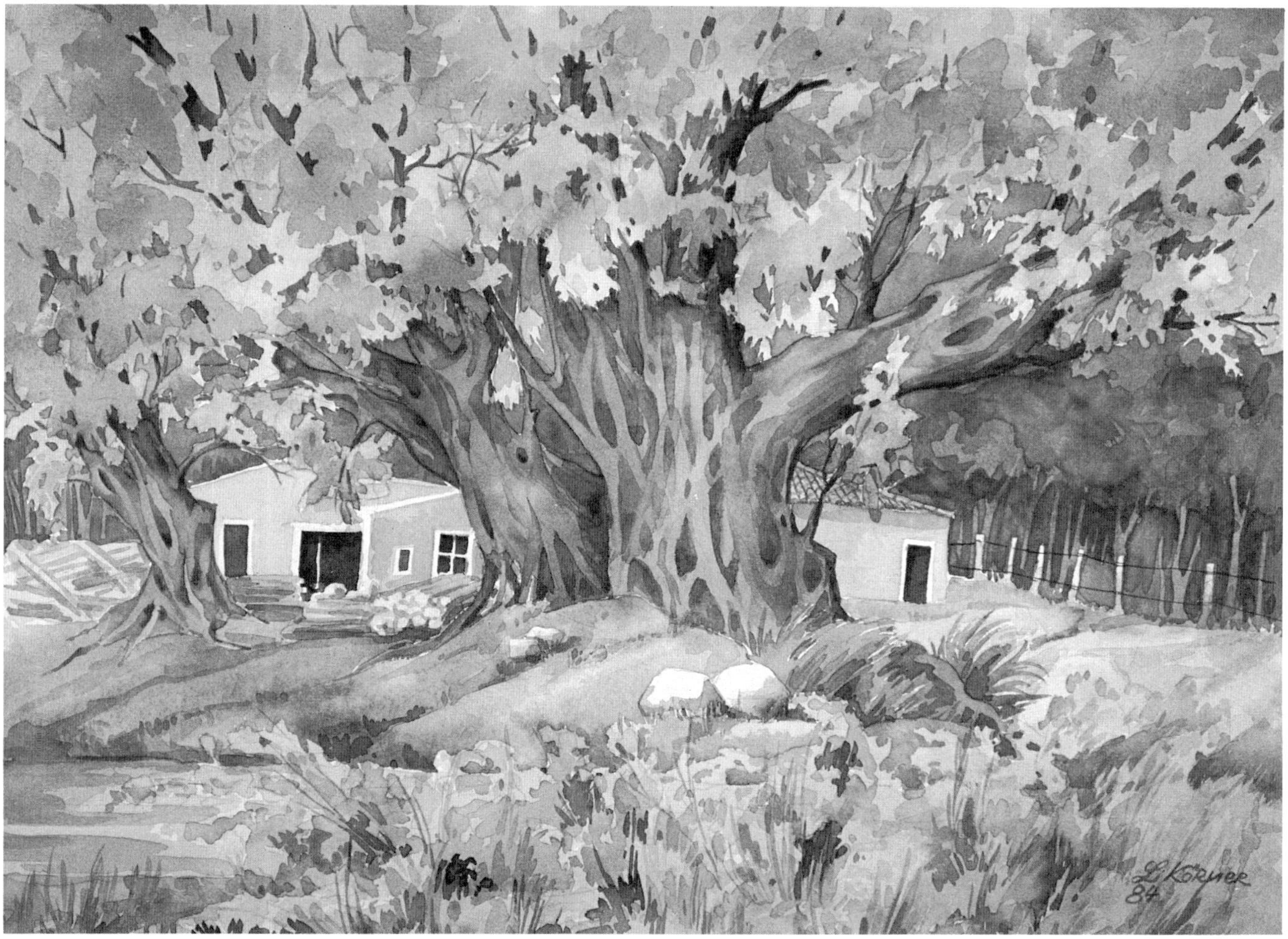

△6

Schritt 6 Zunächst wurden die tiefdunklen Flächen in Türen und Fenstern des Hauses in unverdünntem Indigo gemalt, dann bekamen die Steine und Holzstapel Farbe in den Schattenseiten (Indigo mit Caput mortuum). In den ockerfarbigen Wiesenhintergrund wurde Englischrot, Saftgrün, Caput mortuum und Indigo gemalt. Auch der Vordergrund bekam mehr Detaillierung mit den gleichen Farben und die Korkeichenpartie Dunkelheiten, wobei ich die Stämme und Äste zum Teil aussparte und mit dunklerem Grün ummalte. Zum Schluß wurden mit Sorgfalt die Strukturen in dem Stamm des großen Olivenbaumes mit dem Pinsel gezeichnet (mit Indigo, das mit dem Wasserpinsel leicht ausgewaschen wurde). Das macht etwas Mühe, aber es ist die berühmte Viertelstunde, die sich lohnt. Dieses Motiv war sicher eines der schwierigsten, aber auch eines der schönsten.

Zeichnen Viele Anfänger lehnen es ab, ihr Bild vorzuzeichnen – ganz einfach, weil sie es nicht können. Doch es gilt noch immer, daß die Vorzeichnung eines Motives das Gerüst und eine absolute Notwendigkeit ist, auch wenn es nur eine ganz schnell hingeworfene Skizze ist. Deshalb will ich allen, die malen lernen möchten, ans Herz legen: Zeichnen Sie, wo immer ein Motiv lockt, und notieren Sie die Farben. Sagen Sie nie: Ich kann doch keinen geraden Strich zeichnen, denn so „gerade" muß und soll er auch gar nicht sein. Mit der Zeit werden Sie selbst sehen, wie hilfreich eine Bleistift- oder, bei Tempera, eine Pinselvorzeichnung ist.
Sie sollen auch nicht alles detailliert „abzeichnen", sondern nur das Nötigste, lassen Sie Überflüssiges weg. Versetzen Sie auch einmal einen Gegenstand, der im Weg steht oder die gute Komposition stört. Vergrößern oder verkleinern Sie und zeichnen Sie auch Gebäude „aus freier Hand", das wirkt immer natürlicher und gewachsener als eine noch so raffinierte Architekturzeichnung mit Lineal und Winkel. Gewöhnen Sie sich den gekritzelten Unsicherheitsstrich ab; versuchen Sie vielmehr, mit dem Stift auf dem Papier zu bleiben und sich einen sicheren, ruhigen Strich anzugewöhnen, denn eine gute Vorzeichnung kann auf einem Bild ruhig sichtbar stehenbleiben. Radieren Sie nicht zuviel. Überlegen Sie also vorher – und wenn Sie doch radieren müssen, sollten Sie einen ganz weichen Gummi nehmen (am besten Knetgummi), damit die empfindliche Oberfläche des Aquarellpapiers nicht verletzt wird. Das gleiche gilt auch für den mit Plaka grundierten Malkarton für die Temperamalerei. Radierkrümel sollten Sie nicht mit der Hand wegwischen: Nehmen Sie einen kleinen Besen oder wenigstens ein Papiertaschentuch.

Komposition Wie schon auf Seite 10 erwähnt, ist es wichtig, daß ein Bild Harmonie ausstrahlt, daß die Regeln der Komposition beachtet werden.
Setzen Sie nicht zu viele Bildelemente nebeneinander, sondern machen Sie gekonnt Überschneidungen, die es Ihnen beim späteren Malen ermöglichen, durch Licht und Schatten reizvolle Kontrastwirkungen zu erzielen. Beachten Sie vor allem die wichtige Regel der Luftperspektive, daß Gegenstände im Vordergrund intensiver in der Farbe gebracht werden.

Arbeitsplatz Da wir ja leider nur ganz kurz im Jahr vor der Natur malen können, sollten Sie versuchen, sich ein Plätzchen in Ihrer Wohnung zu reservieren, das ganz Ihnen und Ihrer Malerei gehört. Nichts ist schlimmer, als ständig wegräumen zu müssen, und nichts ist erholsamer, als sich jederzeit in sein Eckchen zurückziehen zu können, um an einem begonnenen Bild weiterzumalen.
Der Arbeitsplatz sollte hell, aber nicht direkt von der Sonne beschienen sein, der Arbeitstisch auch nicht zu hoch sein. Ideal wären zwei verstellbare Böcke mit einer Zeichenplatte. Für Temperamalerei empfiehlt sich eine Staffelei, denn man sollte sich gleich daran gewöhnen, Temperabilder senkrecht vor sich aufzustellen. Doch das ist nur ein Vorschlag. Jeder wird selbst herausfinden, wie es am besten für ihn ist (es gibt auch preiswerte Tischstaffeleien). Unentbehrlich in unserer Arbeitsecke ist eine Ablagemöglichkeit, wo Pinsel, Farben, Lappen und Wassergefäß in greifbarer Nähe sind.

Pinselpflege Wie schon auf Seite 6/7 beschrieben, gibt es Aquarellpinsel aus ganz unterschiedlichen Materialien. Pinsel, die gut behandelt werden, können jahrelang gute Dienste leisten. Stellen Sie darum Ihre Pinsel, gleich ob Aquarell- oder Borstenpinsel, nach Gebrauch sauber ausgewaschen und nicht zu feucht, mit der Spitze nach oben in ein Gefäß und vergessen Sie nicht, die mitgelieferten Plastikhülsen vorsichtig wieder aufzusetzen. Vermeiden Sie auf jeden Fall, die Pinselspitze zu malträtieren, das heißt, damit im Wassertopf oder auf dem Papier zu fest aufzudrücken oder zu scheuern.
Für das Malen im Freien sollten Sie die Pinsel nicht in den Malkasten legen, wo sie meist nicht genug Platz haben. Besorgen Sie sich eine Transportmöglichkeit oder fertigen Sie sie aus einer Bastmatte an. Auf jeden Fall sollten die Pinsel beim Transport mit Gummiband oder Klammern unverrückbar festsitzen. Nasse Pinsel dürfen Sie nicht verschlossen für längere Zeit wegpacken. Und vor allem: keinen Pinsel mit der Spitze nach unten im Wasser stehen lassen!

Tips fürs Aquarellmalen Durch Experimentieren bin ich auf einige Raffinessen gekommen, durch die man in Aquarell neue Wirkungen erzielen und sich Erleichterungen schaffen kann. Ich will diese gern weitergeben:
Kleinere helle Flecken in dunklen Flächen, wie Blumen, Gräser, Häuser auf dunklen Hängen und Fensterstöcke, decke ich mit „Fixogum" ab. Wenn die Gummiflüssigkeit trocken ist, kann man darübermalen und erspart sich zeitraubendes Aussparen und Ummalen. Wenn das Bild fertig ist, muß man nur diese Gummiabdeckung abrubbeln. Wenn nötig, kann man noch feinere Übergänge nacharbeiten.
Ich habe mir angewöhnt, nie ohne ein weiches Papiertaschentuch zu malen. Damit kann ich die Farbe „abbremsen", d. h. ich kann zu viel Wasser oder Farbe abtupfen und dadurch lebendige Strukturen erzielen.
Auch mit einer angespitzten weißen Kerze kann ich feinere Striche und kleine Helligkeiten „vorzeichnen". Das Wachs stößt die Farbe ab, hat aber den Nachteil, daß es nicht mehr zu entfernen ist und als Glanzstellen im Bild zu sehen ist.
Auch mit einer Rasierklinge kann man in einem fertigen und ganz trockenen Aquarell noch Effekte erzielen. Ganz vorsichtig kann man Wolkenfetzen, Helligkeiten in Baumstämmen, Glanzlichter auf Wasserflächen, Gräser und Blüten herausschaben. Aber Vorsicht: Das Papier darf nicht verletzt werden. Gewöhnen Sie es sich auf jeden Fall von Anfang an an, Ihren Pinsel jedesmal auszuwaschen, bevor Sie von einem zum anderen Farb-

töpfchen tauchen; nur so bleiben Ihre Farben klar und farbgetreu.

Ratschläge für die Temperamalerei Da wir für unsere Tempera-Freizeitmalerei Tubenfarben verwenden, ist es wichtig, beim Einkauf darauf zu achten, daß sich diese weich anfühlen, also nicht eingetrocknet sind. Es ist auch wichtig, daß nach jedem Gebrauch die Tuben wieder verschlossen werden, um so das Austrocknen zu vermeiden. Dazu ist auch nötig, den Tubeninhalt von unten nach oben zu drücken und den leergewordenen Tubenteil von unten aufzurollen. Sollte ein Schraubverschluß nicht mehr zu bewegen sein, hilft es meist, ihn unter oder in heißes Wasser zu halten, um das Gewinde zu lockern.
Für die Pflege der Pinsel gilt das gleiche, was schon beim Aquarell gesagt wurde: nach jedem Gebrauch die Pinsel sorgfältig auswaschen und mit der Spitze nach oben abstellen.
Tempera-, also Borstenpinsel, werden im Laufe der Zeit immer besser, je mehr man damit arbeitet, es muß also nicht so sorgsam damit umgegangen werden wie mit den teuren, empfindlichen Aquarellpinseln aus Marderhaar. Wenn beim Temperapinsel ein paar Borsten abstehen, schneide ich diese vorsichtig mit einem Scherchen zurecht. Beim Malen mit Deckfarbe ist wichtig, in verschiedenen Richtungen und mit pastoser (dicker) Farbe zu arbeiten und auch schon während der Arbeit andere Farbtöne beizumischen, um eine lebhafte Struktur und Farbgebung zu erreichen. Denken Sie während des Malens daran, daß Temperafarbe heller auftrocknet, also verwenden Sie satte, intensive Farben. Sie können auch zum Schluß durch Übersprühen mit Sprühlack (matt oder glänzend erhältlich) eine größere Brillanz der Farben erreichen, außerdem ist Ihr Bild dadurch geschützt. Ein so fixiertes Bild nimmt aber keine Farbe mehr an.

Passepartouts und Rahmen Sie werden erstaunt sein, wieviel besser ein Bild wirkt, wenn ein Passepartout darübergelegt wird. Ich verwende meist einen starken Fotokarton, den es in fast allen Farben zu kaufen gibt. Nicht nur weiße oder helle Kartons, sondern auch farbige und ganz dunkle verstärken die Wirkung eines Bildes. Suchen Sie aber auf jeden Fall einen Farbton, der in Ihrem Bild vertreten ist, aus.
Wenn Sie sich Ihr Passepartout selbst schneiden, achten Sie darauf, daß der untere Rand etwas breiter als der obere und die Seitenränder ist, und denken Sie daran, daß das Passepartout nicht zu schmal sein sollte. Als Rahmen verwende ich am liebsten schmale weiße Leisten oder die rahmenlosen Glasbildhalter, die den Bildern am wenigsten an Wirkung wegnehmen. Aber auch dies ist Geschmacksache.